2021 牛年

開財運賺大錢

易經論股鎖定最佳獲利點
風水造吉招財迎福好運到

易經理財專家——

陶文 著

化被動為主動
念轉運就轉

不選擇改變，就會被「選擇」改變。

改變的現象無所不在，因為這世界唯一不變的，就是變。

經過疫情肆虐之後的世界，很多人被迫不得不改變。

2021辛丑牛年的太歲，土星當道，傳統學術中認為這是個「太歲入墓年」。

這種流年，說好聽叫做「以不變應萬變」。

說的實際點，那就是「動彈不得」。

嚴格說起來，不是想動而動不了，而是連動都不想動。

這是個需要化被動為主動的流年，太歲不動，我動，否則機會不會自動出現。

山不轉路轉；路不轉我轉；我不轉念轉。

祝福牛年開財運賺大錢

陶文

→ 目錄 ←

新春開財運行事曆

易經論股精準獲利

國運經濟與台股趨勢　台股高點落在第一、四季，出現急挫的機率不大

🏮 風水造吉財源滾滾

🏮 生肖開運招財迎福

🏮 星座運勢深度解析

星座運勢總論 順行星之勢，培養「變」的能力

財開春新
曆事行運

辛丑年

新春奇門遁甲，開運造吉

2021辛丑牛年是個十分特殊的一年，其特殊點就在於「後疫情時代」的概念，而此種概念扭轉了正常狀態下的「辛丑年」吉凶現象，讀者們回顧60年前（1961年）的辛丑年，就會發現當年存在著許多的不平靜與危機。

一般來說，疫情肆虐世界驟變之後，2021年自然會是最需要好好開啟好運勢的一年，不過也因為疫情肆虐的關係，全世界的政府都在治理疫情防止經濟崩盤，於是造成了資金氾濫的現象，世界經濟跌到谷底，又從谷底翻上歷史新高，這就是陶文於2020年書中所說的「大破大立」。於是，原來因為「太歲入墓」而不吉利的辛丑牛年，反而因為如此而獲得解救，這就是2021年的特殊點。

2021年「六白武曲星」進入中央領導位置，代表的是所有的事務還是需要依賴政府與政策的救援，而也能夠獲得預期中的救援，因此不需要用悲觀的角度看待世界。此種現象也透露出一個訊息，那就是2021辛丑牛年是個最需要貴人相助的一年，因此廣結善緣是必須的功課，而組織合作的團隊相互幫助更是不可或缺。值得一提的是，由於「六白武曲星」是顆超強的貴人星，想要吸收貴氣就需要「向上鏈結」，結識成就和能力比自己高的人。唯有積極主動開創，才能夠真正脫困。

辛丑年的五行結構是不理想的，太歲天干「辛金」坐在自己的「墓庫」、「丑」上。有人說，這叫做「土生金」，也叫做「地支生

天干」，不過「辛金」因為入「丑墓」，而讓能量遭到包覆，因此這是個十分不吉利的流年，用一個字形容就是「困」。幸運的是，因為去年的疫情，以及700年才出現一次的「四星匯聚」，驟變之後的世界獲得了許多紓緩資源，反而改變了原有的「墓庫」現象。

從太歲五行結構的角度來說，讀者朋友們務必為自己添加「金」「水」、「木」和「火」的五行元素，其中「金」、「水」最為重要，因此白色與藍色是第一開運色系，而也就是為什麼陶文為讀者朋友們準備的開運珮飾是「金魚」的原因。

辛丑牛年風水方位旺運祕訣

太歲方：（吉慶方）

辛丑牛年太歲星在「丑辰次」，方位在東北偏北方。

「太歲可座不可向」的傳統說法值得參考，換言之今年最值得掌握的位置就是「東北方」，尤其是掌握決策重責大任的主事者，更應該珍惜之。座東北向西南借助太歲的方位磁場，營造借力使力少費力的吉利能量，達到事半功倍的效益，讓自己可以不被「困」住了。不過還是要提醒的是，「太歲頭上不宜動土」的警語要記取，因此今年的東北方是不可以動、破土的。

另外，由於流年九星「九紫右弼星」飛臨此方，這又是個喜氣洋洋的「吉慶方」。「九紫右弼星」具有「趕煞催貴」的神效，屋宅和辦公室的東北方布局的好馬上發福，反之可就不妙了。至於詳細風水布局，請閱讀「風水造吉篇」。

歲破方：（劫財方）

延續「太歲可座不可向」的說法，那麼「向太歲」的「西南方」就是不吉利的「歲破方」，因此辦公桌或操盤座位最好避開「座東北向西南」，因為和太歲對峙的結果就是「無災必有禍」。

東北太歲方屬土，西南歲破方也屬土，此種「土土對沖」的結果最容易發生的不吉利現象有二，一是健康問題，其次是財務問題。「土土對沖」只會放大「土星」的凶相，因此需要「金」元素紓解，於是東北方的黑曜石貔貅，亦即西南方的白水晶和陰陽水，缺一不可。詳細風水布局，還是請閱讀「風水造吉篇」。

文昌位：

「文昌星」是智慧人緣星，不只是考試考得好，還有助於「升官發財」，以及讓人緣磁場更加活絡提升業績，增加收入。2021年的「文昌星」飛臨「正東方」，此方位布局的好，可望「登科甲第、加官、進財」。

由於2021年正東方雖然也是太歲「偏財祿」的位置，不過卻也因為「五鬼星」和「喪門星」把持，而讓這個方位的布局顯得十分重要，為了就是避免「衰敗、不得志、招惹小人與口舌是非」。陰陽水可化煞，文昌長明燈則可化小人為貴人，詳細布局請閱讀「風水造吉篇」。

新春開運祕笈

步驟 ❶ 除殘：（接天心開運法）

「大拼厝，才會大富貴」的諺語是有道理的，太歲新舊交替之際，最需要執行的就是除舊與布新。在風水學術中有一種「接天心開運法」，那就是在「元運」交替之際整修屋宅，迎接新的「元運」氣息再旺個20年。而新舊年交替之際，即便「元運」沒有改變，也可以藉著「大掃除」的「除舊布新」之舉迎接「天心」，讓好運勢可以再旺個一整年。

除舊布新日子的選擇是有眉角的。農民曆上的「破日」與「除日」是最為理想的「除殘日」，能夠真正達到破除與祛穢的效果。

日期分別如下：

（1）陽曆1月30日星期六（臘月十九日）：這一天擁有許多吉星照拂，又是具有破除效應的「除日」，吉利的時間是「巳時」，早上9點15分至10點45分，方位從「正北方」開始。

（2）陽曆2月5日星期五（臘月廿四日）：「月破日」是最好「破除」晦氣的日子，除舊的效果愈好，布新的能量就會強大，來年才會更幸運。時間以「午時」為佳，亦即早上11點15分至中午12點45分。方位從「正北方」開始。

（3）陽曆2月9日星期二（臘月廿八日）：這一天雖然不是「破日」與「除日」，卻是具有開創好磁場的「開日」，由於日辰的納財入庫吉氣十分明顯，因此在大掃除後有必要馬上安財庫。至於如何

安,請閱讀「風水造吉篇」。

步驟 ❷ 送神:

「送神早,接神晚」因此送神日通常會在臘月廿四日的清晨,甚至於早子時。因為送了神,才方便百無禁忌地執行清掃事務。請準備鮮花、發糕、糖果,除了必備的金紙外,務必添加「天馬金」和「甲馬」,備妥交通工具以便「送佛送上天」。

早期的「送神」指的是送「灶神」,時代變遷現在則是送家中所祭祀的神明,亦即「送百神上天」。

吉利時間:廿四日送神的吉利日辰,0點18分(早子時)執行最佳。

另外一定要記住的是,務必前往當初安太歲的廟宇感謝太歲星一年來的照顧,並且在廟宇進行送太歲的儀式。

吉利時間:辰時(7點至9點)和午時(11點至13點)。

步驟 ❸ 清黗:

送神之後才可以清黗。將神龕上神明與祖先的香爐請下,佛龕清掃一番,再將香爐內的香灰「拋出」(記得是「拋出」,不是倒出),篩掉香腳殘渣,留下三分之一舊香灰,篩過後再加上新的香灰。

壓寶招好運:在香爐底下放十二枚硬幣,一正一反排列,四季進財,月月平安,八方迎貴,招財納福,因此稱之為「壓寶」。

吉利時辰:廿四日送了神即可開始,時間則以子時(0點38分)、巳時(早上9點至11點)和亥時(晚上9點至11點)為佳。

步驟 ❹ 照虛耗：（暖歲與續旺氣）

古時候是為了不讓耗子偷吃過年的食物，因此燈火通明，後來發現這樣做可以讓家宅運氣更好。

除夕夜當天開始一直到年初五，家中各處都要維持燈火通明狀態，日夜都如此，除了因為財神不入穢門，喜歡選擇明亮之宅外，也有「暖歲」與「續旺氣」的神效。

想要接旺氣就請不要省那一點點的電費了，初五之後，請在玄關與客廳留下一盞一整年的開啟的「旺宅長明燈」。

步驟 ❺ 接財神：（三元吉時接財神）

這是新春期間最重要的活動，不管你人在哪裡，家中、外地都要執行，因為可以啟動一整年好運氣。

「三元及第」在古時候是指連續考中鄉試、會試、殿試且第一名的人，被稱為「連中三元」。而現代人的「三元及第」是指好事接二連三，好運旺旺來。

「元」代表好的開始，除夕晚上0點整，是一年、一月、一日的開始，也是專家高人所說得「三元及第」大吉時，三元就是「歲之元，月之元，日之元」，「三元吉時」接財神旺運重頭戲，除了旺宅旺財外，還可營造「三元及第」的吉象，除夕夜跨年之際，在大門外燃放鞭炮，有催旺發達之功。此刻在神龕前拜拜接財神可旺財富，發事業。家中沒有安神位者，可前往廟宇，或在家門口、前陽台雙手合十默拜（面向東北方為佳），誠心祈禱，迎接財神入宅，有點香就將香插在屋宅的財庫位或佛龕香爐。

財庫位如下：

坐西北向東南	⇨	（東北方）。
坐北向南	⇨	（西南方）。
坐東北向西南	⇨	（西北方）。
坐東向西	⇨	（北　方）。
坐東南向西北	⇨	（西南方）。
坐南向北	⇨	（西　方）。
坐西南向東北	⇨	（東南方）。
坐西向東	⇨	（北　方）。

步驟 ❻ 元旦焚香開門出行：

台灣諺語：「走春，走春，愈走愈春。」其中的「春」有「儲存」、「圓滿」、「豐盈」和「順心如意」的意涵。大年初一第一次出門就是「出行」，也稱為「走春」，是運用「奇門遁甲」的時空旺運策略，迎接最好的吉氣讓「好的開始，成為成功的全部」。

「焚香開門」：亦即「開財門」，其實零點的「三元吉時」的放鞭炮就已經執行。

2021年的大年初一是「辛卯日」，擁有「坐擁偏財祿」與「文昌星」的特質，是一種智慧生財、財源廣進的磁場，所以「焚香開門」和「三元及第」的「接財神」，為的就是發財富和興事業。

卯時則是今年「焚香開門」的吉時，「焚香關門」則取未時，是將好運與財富收入家宅的大吉時。

「出行」：大年初一的第一趟出門，亦稱為「走春」、「走喜神方」或「行大運」，至少走365步以上，代表好運一整年。逢人道恭喜，具有「心想事成，旺財旺運」的吉利之應。此法十分應驗，想好運旺旺來就一定要執行。

出行吉時和方位：

卯時（偏財祿時5點15分至6點45分）東北方「休門」，又是太歲「景門」與「陽貴方」，又是九星「吉慶方」，此方出門拜拜「寅做卯發」，旺貴人，興事業，旺家業，幸福美滿。

辰時（7點15分～8點45點）正南方「休門」，又是太歲星的「開門」與「陰貴方」，又是九星「官貴方」，此方出行代表加官晉爵，事業興盛繁榮，更上一層樓。正南方行走大約365步之後，轉往西南方，迎接太歲「喜神」，照拂一整年。

未時（13點15分～14點45分）是這一天的「財星入庫時」，想廣納財富，升官發財，請往正西方「生門」出行，此方為太歲「天乙貴人方」，又是九星「大財富方」。此方出行可營造名利雙收好吉氣。

步驟 ❼ 接天神：

年初四日是迎接天神回到凡間繼續考核人間善惡的日子。俗云「送神早，接神晚」，因此接神時間大部分在傍晚時刻。不管讀者們用什麼樣的金紙，一定要記得加上「甲馬」，讓神威更加顯著。

步驟 ❽ 祭財神：

初五日俗稱為「送窮日」，將過年期間所累積的垃圾送出家門。

在習俗上，初五才是接財神的日子，不過由於為了提防給別人先接走了，於是一家比一家早，就出現了筆者前述之除夕夜的「接財神」動作。

步驟 ❾ 開張、開市拜拜：

開張、開市拜拜是一種宣示，也是為了向幸運之神許願，邀請「五路財神」來助長財氣，讓辛丑年可以更順利，財運更亨通。而這樣的開市拜拜也為了提升公司夥伴的信心，最重要的是讓「好的開始，成為成功的全部」，良辰吉時迎接好彩頭，好運旺旺一整年。

開張吉日如下：

初一日：歲德、月德合星併臨的大吉日，此日開張拜拜大吉祥。過年期間可前往廟宇拜拜，安太歲，也為公司事業開張。事實上，每個人都可以為自己「開張」，那就是開啟一整年的好運勢。

開張時間：卯時（5點15分至6點45分）為偏財祿時，大利商務買賣與業務行銷業者。

午時（11點15分至12點）為尊貴的「官祿時」，大利高階主管與公職人員，以及新創業者。

初四日：天貴星職事的三合日。此日為「天地正合」與「食神生財」的大吉日。公司事業可在這一天先拜拜，公定上班日再上班工作即可。

開張時間：卯時（5點15分至6點45分）為「天赦」「帝旺」大吉時，服務業、行銷、創意、演藝、文化……業者最為吉利。

巳時（9點15分至10點45分）為「進祿時」，適合各行各業，而

餐飲業最為吉利，此時開張可進食祿、財祿與官祿。

初七日：天德日。此日為「食神生財」與「合作生財」的大吉日。此日拜拜開張可旺財富，招人緣，最適宜新開創的公司，或者想讓公司與事業出現吉利轉型的人。

開張時間：辰時（7點15分至8點45分）為「六合時」，大利營造天時、地利、人和的吉利好磁場。

巳時（9點15分至10點45分）為「傷官生財」的「三合時」，適宜「武市」，營建、保全、軍警、冒險性質行業。

午時（11點15分至12點）為「日祿生財」的「文昌時」，適宜各行各業，最適合「文市」業者，如企劃、行銷、公關、文化、創意、教育……等行業。

十三日：文昌日。此日為「文昌星」主事的日辰，由於同時存在著「食神生財氣」的能量，因此還是大利商務買賣、業務行銷與投資理財業者。

開張時間：卯時（5點15分至6點45分）為「祿貴交馳時」，此時開張拜拜，發得快，旺得更快。

辰時（7點15分至8點45分）為「暗貴人時」，此時開張拜拜，大利旺事業貴人。

巳時（9點15分至10點45分）為「財祿」「官祿」併臨的時間，此時拜拜開張「名利雙收」。

節慶求好運

　　節慶開運效果奇佳，是因為通常節慶都和節氣有關，而只要正確掌握節氣的轉變脈絡，再順勢而為地執行開運造吉策略，趨吉避凶的效果十分理想。

　　再者，命理不外乎人生，命理也不外乎人心。節慶通常和生活習俗息息相關，當整體磁場因為節慶而充滿歡樂和祝福的時候，這個時候的開運造吉，趨吉避凶的效果也會很神效的。

⑴ 天赦日開運：想擺脫衰運，絕對不可以錯過這天

　　「天赦日」是老天爺賜給我們的轉運日，白話地說就是上天赦免小罪小過的日子，這一天的造吉祈福同時也具有擺脫衰運的神效。

　　這一天祭拜的主要對象是「玉皇大帝」，只要在每個宮廟的主爐上香默禱，就是在祭拜「玉帝」。

　　「天赦日」就是「四時專氣」之日，春天戊寅日，夏天甲午日，秋天戊申日，冬天甲子日，這一天具有生育萬物的能量，同時也是宥罪赦過的大吉日，對於消災化煞與祈福添壽而言，更是神奇靈驗。

　　2021年的天赦日：
　　2021年1月16日　　庚子年十二月初四　　甲子日
　　2021年3月31日　　二月十九　　　　　　戊寅日

2021年6月15日	五月初六	甲午日
2021年8月28日	七月廿一	戊申日
2021年10月27日	九月廿二	戊申日
2021年11月12日	十月初八	甲子日

⑵ 小過年（元宵節）：

元宵節，又被稱為「上元節」，是一個祭祀上元天官，祈求福佑的大好吉日。

據說，在這一天的祈福造吉，不但能夠趨吉避凶，並且有求財得財，求緣得緣的神效。

元宵節是熱鬧的，張燈結采、夜遊觀燈、猜燈謎、射燈虎……等，元宵節素來有小過年之稱，因此也有了小團圓的意義。搓圓仔、吃湯圓（元宵），也就成為了必然之舉。

「火樹銀花合，星橋鐵鎖開」、「今夕是何夕，團圓事事同」都是在祈求圓滿與幸福，上元節是「上元天官賜福」之辰，是祈福旺運的大好時機。錯過了這一天，可就要等明年了。

有趣的是，這也是「月上柳梢頭，人約黃昏後」，邀請親愛的情人共同夜遊觀燈，增進美好情緣的良宵美夕。

⑶ 頭牙、土地公誕辰：

二月初二，龍抬頭，也是「頭牙」，當老闆的不要只請「尾牙」，請「頭牙」更有感謝員工的意義。這一天前往土地公廟拜拜，祈求一整年的福氣。拜土地公別忘了祭拜土地公的坐騎「黑虎將

軍」，再向「黑虎將軍」換取「錢母」，拿回家後一份放進聚寶盆，一份存入銀行，另一份隨身攜帶，讓財運興盛荷包滿滿。

⑷ 文昌星君誕辰：

二月初三前往文昌星君廟拜拜，旺事業、利升遷、求功名、旺財富。

適宜的祭品：蔥、蒜、芹菜、蘿蔔、竹筍、糕點、包子、粽子……為佳，其中選擇三樣即可。

NQ供品：烏龍茶象徵擺烏龍、丸子則等於完蛋、鴨蛋更是0分的代表、紅龜粿則有檳龜的意涵。

另外宜準備壽桃向文昌帝君祝壽，如果不方便，可以海綿蛋糕取代之。

⑸ 端午節：

繫「長命縷」亦即五色線，記得要打七個結稱為「七氣結」，盡納功名、利祿、財富、壽喜之吉氣。帶香包趨吉避凶。

⑹ 農曆六月初六日「玉帝開天門」：

農曆六月初六日是「玉帝開天門」的日子，亦即傳統的「天貺節」，代表的是補運與祝福。

相傳在六月初六日這一天南天門會大開，有點像教宗站在「祝福陽台」為教徒祝福一般，這一天就像「天赦日」一般，可以直接向玉皇上帝祈求，請玉皇上帝赦罪、補運。

(7) 七夕拜魁星：

七夕除了是情人節之外，拜魁星，吃牛角麵包，具有頭角崢嶸之意，前往廟宇或在夜晚時分朝著北斗星方向默拜。

(8) 中元節地關赦罪日：

拜拜，普渡，放水燈，消災解厄。

(9) 中秋節：

除了吃月餅之外，不要忘記祭拜「龍德星君」，可準備月餅甜點，於夜晚在自家庭院向東方拜拜，或前往龍德星君廟，或福德正神廟拜拜祈福。可旺事業、興功名。

(10) 重陽節：

登高、賞菊、喝菊花茶或酒，趨吉避凶，步步高陞。別忘了「敬老尊賢」，這是最佳狗腿日。

(11) 冬至吃湯圓：

冬至一陽生，吃湯圓升陽氣。白色湯圓添貴氣，紅色湯圓旺姻緣與人緣。祭拜祖先，旺子孫。

易經論股
精準獲利

辛　丑　年

台股高點落在第一、四季，出現急挫的機率不大

　　讀者朋友們對於2021辛丑牛年有什麼樣的期待呢？是驚魂未定？還是繼續無奈？

　　2021辛丑牛年到底是個什麼樣的流年？是牛步？還是任勞任怨？

　　台灣諺語：「甘願做牛，毋驚無犁通拖。」是這樣嗎？

　　如果你很擔心，如果你想在辛丑牛年有所轉變，那麼就請耐心看完本篇文章。

　　先說實話，再說方法和策略。方法對了，好運就被啟動了。

　　就直白地從「辛丑」太歲五行結構角度解讀，這是個典型的「歹年冬」。原因別無其他，只因為「五行嚴重失序」，以及太歲星的氣勢遭到包覆，這是60年少見一次的「歲星入墓年」。如果用接地氣的方式來說，如果趨吉避凶策略不到位，這將會是個「一籌莫展」的流年。

　　現實世界中最好的流年是太歲星「五行兼備」並且「相生有序」，辛丑牛年只出現了「金」和「土」元素，五行嚴重不均衡，再加上又出現了「入墓」的現象，這是個非常需要正確趨吉避凶策略的

一年。

　　首先代表「機會」與「行動」的「水星」，不但嚴重不足，還出現被太歲星箝制的現象，因此這一年最需要的旺運策略就是學習。和朋友一起學習，為自己的理想而學習，為了轉變生命而學習，開始行動，好運勢就會獲得啟動。

　　其次，代表「財富」的「木星」不見蹤影，因此這是個需要賺錢的技巧與策略的流年，從代表智慧和開創的「水星」下手，同樣會是學習，然後就是轉型。對於一般人而言，「木星」代表財富，同時也代表「目標」，因此與其盲目追求轉變，不如設妥目標，並且規劃好執行的節奏，按部就班實現為佳。

　　再就2021年的「天星」現象解讀整體趨勢。2021年關鍵天星盤中，所有的行星都落在星盤的右側，代表外在的環境影響我們自己的一切，包括生活的方式、思想決策的型態、事業運作的模式。可以直接判斷的是，這是個不容易仍擁有自己堅持的流年，因為世界在變，環境在變，而且不斷地變。

　　和辛丑太歲不謀而合的現象是學習。火星和土星的合相，透露出傳統加創新的學習，才能夠走出屬於自己的路來。太陽和金星會相於「第七宮」，冥王星釋放合相磁場，代表廣結善緣是重要旺運策略。事業方面，可以和朋友一起合作創業，但就是不可以人云亦云地隨意更動事業跑道。水星和天王星的合相，又象徵只要順勢而為，這一年將會辛苦有成。整體而言，2021年是個不能獨自活在自己世界裡的流年。前述的太歲與天星流年現象，可以用在個人流年運勢的提升，也

可以用在國運、經濟與投資市場的判斷，且讓我們繼續看下去。

台灣國運

　　風調雨順是每年的期望，對於辛丑年而言，天候方面水氣比較少，但不至於乾旱，往年高溫的情形雖然依舊容易出現，不過這一年的平均氣溫會比往年要低。應該說，2021年的冬天會來得比較早，也容易出現寒冬現象。整體而言，辛丑牛年比較傾向於「風調雨順」，秋季的澇害還是需要提防。

　　辛丑年的五行特質比較傾向於「自我茁壯」型態，由於辛丑太歲的健康星並不理想，因此國際上疫情的有效控制還有努力的空間，也因為如此，狀似鎖國的現象不容易出現大幅度的開放，這個時候就算不想「獨善其身」也不行。在國際政治上，台灣仍舊屬於讓國際羨慕的國家，而兩岸之間的彼此測試現象容易獲得舒緩，不過值得提醒的是，自己的國家還是要靠自己保護，因為辛丑太歲的五行結構中，朋友是靠不住的。

　　【山水蒙卦】是2021年台灣國運卦象。這一卦有兩中意涵，其一指的是危險，那就是「山下有險，遇險而止」，說的是對於不可預知的冒險舉止，應適可而止；另一種說法與啟蒙有關，也就是說台灣有機會如雨後春筍，很快速地讓世界更知道台灣。

　　就卦象而言，這將會是個社會中堅階層十分努力的卦象，也可以看到許多中小企業在轉型尋找新的商機，而也將會獲得成果。換言

之，透過【山水蒙卦】可以看到政府也在積極為經濟而努力。經過疫情驟變之後的今年，占得此卦是喜悅的，是充滿希望的，因為一切都有機會重新開始。

台灣經濟

【雷地豫卦】是2021年台灣整體經濟發展的卦象。這一卦說的是「進可攻，退可守」，許多事情該發生的已經發生了，而最可貴的是發生之後機會的掌握，那就是「化危機為轉機」。《易經》說了「利行師」指的是要努力不懈，而「雷出地奮」則象徵雷霆萬鈞從地而出，代表的是絕處逢生，以及「順以動」自然就是順勢而為。從這些種種訊息看來，這是個充滿機會的年，不疾不徐，按部就班。

就「辛丑年」太歲五行氣數角度來說，這一年的經濟發展並不理想，不過就「熱錢派對」沒有結束，反而獲得了聯準會的加持，看來投資人需要提防的不會是「通縮」問題，而是衍生性的「投資陷阱」。再加上台灣經濟運又占得了【雷地豫卦】，保守心態可以預見，但等待機會與創造機會的氣氛，卻值得關注。

台股

【山天大畜卦】是2021年台股投資求財卦象。經過疫情肆虐之後的市場是十分詭異，2020年線在陶文撰稿之際是上漲875點，漲幅7.30％，年線底下的3,503點的驚人長下影線，十分壯觀。帶著此種

訊息進入2021年，市場上出現了分歧的聲音，樂觀者認為台股在「基本面好、殖利率相對高、匯率強」的優勢下，指數遙指2萬，甚至3萬點。想想也是如此，【山天大畜】本來就是個具有「大大畜養」的卦象，養精蓄銳，蓄勢待發。對於事務的執行而言，代表的是大步向前，勇往邁進，容易獲得預期中的成就與收穫。對於股市投資求財而言，也是如此。用樂觀角度看待盤勢，的確還有持續發展的空間，只不過影響整體發展趨勢依舊是國際財金動向，因為《易經》說「食祿在外」，指的就是台股很難脫離國際財金趨勢之外。

然而，市場上還是有保守的聲音。從「辛丑」太歲角度來說，社會上和市場上「保守」應該會是主流意識，再加上【山天大畜卦】中的「艮卦」本來就具有「謹慎、保守」的特質，因此如樂觀者所說得欣欣向榮恐怕是不容易，再加上卦象中的多空架構中多方並不討喜，因此謹慎面對這一年的投資求財的確是必要的認知。

綜合而言，【山天大畜】並沒有釋放吉與凶的訊息，而是透露著整體市場的趨勢特質，以及運作的方式和方向。大者恆大，強者恆強，是【山天大畜卦】要說的現象。也就是說，在2020年引導台股往上衝的關鍵標的，在2021年還會再繼續釋放領導的能量，即便在2020年的第四季出現式微態勢，2021年還是值得期待。再就卦象中的「政治」與「政策」依舊影響股票市場，因此「熱錢派對」的魅力不宜小覷，派對一天不結束，空頭就沒有出頭的一天。

整體而言，2021年台股的大盤趨勢容易以「微笑型」方式呈現，也就是第一季和第四季容易出現相對高點。低點則比較容易出現在夏

季。再從主導卦象盤勢的元素是「法人」看來，台股的漲跌依舊需要看外資的臉色，而也可以肯定台股是外資不可能遺棄的肥肉。至於點數的部份，由於2、7、8、9是關鍵數字，而卦象中的支撐力道雖然不明顯，氣勢卻十分有力，大盤急挫的機率不大，只是卦象中的空方壓力也不輕，因此比較容易出現的發展模式還是在於區間。就卦象而言，12,800點將會是盤勢的區間中心部位，上下震盪空間約800點。

　　類股方面，則以宅經濟為最優先，其次是電子、網通、雲端、電池、生技、營建、資產、生活、運輸等概念股為佳，至於5G雖然依舊有未來，可以布局，但需要時間與耐心。

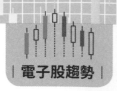

| 電子股趨勢 |

有利可圖，高科技、宅經濟值得投資

　　疫情肆虐之際，經濟驟變，隨著疫情稍有舒緩，各國股市也開始反轉，不但回到疫情前的水準，甚至於還不斷創新紀錄。百年一見的疫情，也出現前所未有的「報復性」反彈，的確和陶文去年所說的「大破大立」不謀而合。然而，部份國家經濟體還是相對弱勢，例如歐洲、拉丁美洲、蘇聯……等，這些新興市場大國之所以相對弱勢的原因，在於高科技類股佔的指數比重。由此可知，高科技類股在股票市場佔的權重頗高，因此也成為了投資人的重點標的。對於高科技類股在2021年的投資運作，且讓我們用卦象占卜的「另類觀點」觀察之。

　　【雷天大壯卦】是電子類股於2021年的投資求財卦象。這一卦說的是聲勢浩大，強壯而偉大，和高科技股的市場特質十分吻合。《易經》說「大壯，利貞」，說的就是可以繼續往前衝，因為會繼續快速地壯大。從卦象中的多空架構角度觀察，發覺雖然空方氣燄高漲，不過卦象中的支撐力道卻也如影隨形，代表高科技依舊值得投資，只是需要選對標的，以及妥善設定獲利的時間和位置，以階段性的方式運作，則荷包內容也有機會來個「雷天大壯」。就卦象而言，宅經濟概念依舊值得投資，而AI大數據、雲端運算、網路平台、電子商務、筆電、手機、車用電子、自動化、5G組件等概念股，將在2021年繼續扮演撐盤要角，也值得資金專注。

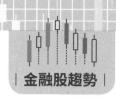

適合長期投資，多觀察為宜

　　超級大隻的黑天鵝肆虐全球市場，全球經濟在疫情肆虐下受到了重創，產業界鶴唳風聲，叫苦連天，而整體獲利表現和景氣息息相關的金融業，也很難免於池魚之殃，除了要忙於紓困，更要擔負起振興的重責大任。目前雖然疫情高峰已然告一段落，不過任誰也不知道何時可能捲土重來，此種草木皆兵的窘況，讓金融業樂觀不起來，更遑論2021年的股利了。

　　【火天大有卦】是2021年金融類股的投資求財卦象。望文生義，「大有」就是大大擁有，「火」在「天」之上，代表的是一種亮麗，因此在基本架構上，這不會是個壞卦。代表不論環境如何變化，金融業依舊是整體經濟的命脈，只不過為了因應突如其來的驟變，金融業的盈收需要有所調整，而【火天大有】就是具有此種意涵的卦象。

　　從卦象中的多空架構角度觀察，發覺代表壓力與環境的元素主事，而空方氣勢也十分明顯，因此就「金融股」而言，恐怕就多觀察為宜。不過從卦象中「官貴」與「商務」氣息十分活絡看來，「金融官股」與「金融特別股」卻值得逢低承接，然而此種投資法較適合耐得住性子的長期投資人。而此種現象業適合「金融定存股」，數年後（至少兩年）投資人會感謝卦象的建議。整體而言，金融類股以春天為佳，夏天獲利，秋天容易見到壓力，冬天是逢低承接的季節。

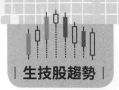

| 生技股趨勢 |

見好便收，利多在冬天

　　生技概念股一直以來都充滿投機的色彩，急漲也急跌，就算在疫情肆虐的時刻也是如此，因為疫情而翻揚，卻也因為疫情稍有舒緩而急轉直下，回檔幅度十分驚人，有的甚至還跌停量縮鎖死。因此心臟如果不夠大，還真的敬而遠之為宜。

　　雖然如此，只要疫情一天不平息，生技概念股就繼續獲得市場的聚焦。仔細想想，全球確診人數不斷創新高，雖然許多地方已經解封，也有為了防止疫情進一步擴大而暫緩重啟計畫的地方，因此對於疫苗的期望十分高，而這就是生技概念股股價的賣點。

　　【風火家人卦】是2021年生技概念股投資求財卦象。這一卦說的是「家人」的倫理，「家人」對於健康的期盼，對於獲得平安與健康的概念標的來說，這是個理想的好卦，代表有利可圖。

　　不過對於投資求財而言，【風火家人】不會是個好卦，只因為「火」容易隨「風」而起，也容易隨「風」而滅。《易經》說「風自火出」，風由於火焰所鼓盪出的氣流而出現，氣流在助長火勢，這是一種相互激勵的現象，而這裡的「風」就是消息面與市場的聚焦。然而「火」的燃燒需要助燃物，一旦助燃物燒光了，再多的「風」也無濟於事。

【風火家人卦】簡直就是為2021年生技概念股量身訂製的卦象。再從卦象中的多空架構角度觀察，發覺代表有利可圖的多方主事，並且展現旺盛的氣勢，2021年的財利值得期待。不過可惜的是，助漲多方氣勢的後繼力道卻受到了牽絆，因此生技概念股的「因風而起，也因風而落」特質出現了。

　　當股價「因風而起」的時候見好便收，「因風而落」的時候逢低承接，成為了生技概念股的趨吉避凶策略。整體而言，最大的利多在冬天，尤其是與2021年春天銜接的2020年第四季底，以及第三季底。不過根據市場觀察，對於生技股情有獨鍾又不想冒風險的投資人而言，台灣生技期貨是受到專家推薦的投資標的。

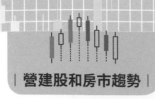

│營建股和房市趨勢│

擇優布局，資金追捧標的值得投資

　　相信很多人一定很好奇，為什麼國內空屋率這麼高，房價還是不跌反漲？

　　出生率持續降低，高齡社會已然來臨，市場上一種聲音不脛而走，那就是「人口減少了，將來房子要賣給誰？」這是不爭的事實，但房價還是不跌反漲，為什麼？

　　記得有一位理財專家朋友，有一次在節目上分享「不論你在啥時買了房，過幾年回頭看，都是買在低點」。仔細觀察，果然如此。這麼多年下來，雖然房價還是出現起起落落的現象，不過這幾十年來回頭看，果然一路上揚。有專家說「在國內中多理財管道中，似乎沒有其他投資品項，像房地產一樣只漲不跌，並且穩賺不賠的」。

　　疫情肆虐，經濟市場驟變，於是出現因為救市而引動的熱錢游資，推動房地產的買氣，而房價也因而水漲船高，據說2020年第四季南台灣出現的「一天三價」的現象，出手慢了還真是買不到。而這也是陶文在去年《鼠年開財運賺大錢》裡所描述的市場情形，果然如期出現。

　　【雷水解】是2021年台灣房地產市場走勢卦象。這一卦說的是「春風化雨」，冬天的冰雪溶解了，好運勢來臨了。對於房地產而

言，這是一種擺脫僵局的象徵，因此去年的樂觀預測，在2021年不但繼續適用，並且有快速復甦的徵兆。對於有意購買屋宅或準備換屋的讀者而言，這是個值得進場的好時機點。不過還是需要提醒的是，挑選好風水房非常重要。

根據市場資料顯示，去年（2020年）7月至10月期間，新成屋和預售屋的推案量估計達2436億元新台幣，增加幅度達到了44％，據說是創下有史以來的新高。房地產市場的熱度也由此可見一斑，而營建類股是否因而受惠，且讓我們用卦象解度觀察。

受惠於房地產回神，營建類股也開始受到市場與法人的青睞，成為疫情期間相對抗跌的標的。進入「辛丑年」之後的房地產會更加活躍，不過如果因而也同樣眼光看待2021年的營建類股，恐怕有討論的空間。只因為營建類股2021年的投資求財卦象，占得了【風地觀卦】。【風地觀】是個仍有隱憂的卦象，代表觀望的氣氛依舊瀰漫，只不過由於受到法人的眷顧，標的選擇十分重要。對於擁有建案入帳、土地處分、資產開發、高殖利率等題材，再加上資金追捧的標的才值得投資。

傳產股趨勢

逢低布局，營造機會財利

　　雖然疫情尚未趨緩，全球各地已然開始陸續解封，經濟活動逐步回神，各國股市雖然處於創新高之後的漲多震盪狀態，不過整體氣氛依舊是正向而活絡，唯有東南亞國家與巴西還處於逆勢下跌狀態，個中緣由雖與高科技佔權重比有關，不過在美股漲升的成份中，非必需消費性類股卻也扮演了助攻的角色，觀察數據發覺從年初到第三季底漲幅都超過了兩成。許多國家疫情還沒有趨緩的徵兆，為了救市利率已處於歷史低檔，於是資金大舉流入股市，帶動了股市大漲，而低利率對於傳產業也不無小補，因此市場普遍認為，一旦疫情趨緩，可以預見除了電子股依舊是要角外，傳產股也將承擔重任，投資人宜掌握所謂的「補漲行情」，營造難得的機會財利。

　　2021年傳產股投資求財所占得的卦象，就是擁有這樣的氛圍，那就是【雷地豫卦】。這一卦雖然同樣有養精蓄銳，蓄勢待發的特質，不過卻比較多的奮起與積極的氛圍，只不過到底是振奮向上，還是繼續疲怠，還需要觀察整體環境的變化。從卦象中的多空架構角度觀察，發覺主事的是氣勢頗優的多方，雖然後繼力道還需要補強，不過可以預見傳產真的是值得逢低布局的類股。就卦象而言，春天雖不乏利多消息，不過嚐到甜頭應該就是冬季了。即便如此，逢低布局之舉還是不宜錯過夏季。

順勢而為，
該做什麼就繼續做

　　美國聯準會（Fed）於2020年9月16日宣布利率按兵不動，至2023年底維持近乎零利率。這是市場早就已預料的事情，市場恐怕更關心的不是「不變」，而是什麼時候才會「變」。美國可以說是國際經濟大櫥窗，因此美國財金變化動見觀瞻。就目前的情況看來，經濟成長應該已然脫離了谷底，不過疫情死亡人數依舊居高不下，而臨時失業救濟金即將告罄，政治僵局依舊存在，聯準會的擔憂不會是空穴來風。

　　對於2021年國際經濟觀察市場十分兩極，不過2020年第四季的經濟報告比起第二季要樂觀許多。而2021年國際財經趨勢究竟會如何發展，且讓我們用「政餘天星」角度觀察。「政餘天星」就是「東方古星座」，運用宇宙觀的角度觀察國際事務頗為理想。

　　從流年關鍵星盤「春分盤」的排列，發覺所有的行星都集中在星盤的右半邊，而第一、二、三、四、十、十一、十二宮位都以空宮的方式呈現，代表整個國際局勢已讓所有的人窮於應付外界的事務，完全失去的獨善其身和自立自強的概念與能力。而這就是為什麼，陶文一直強調要加強自我成長機會，以及組織團隊合作與建立屬於自己事

業領導系統的原因。

代表「股市市場」的宮位十分豐富，有冥王星、土星和木星把持，代表2021年的股票市場還是容易繼續精彩，只不過這是一種缺乏方向性的精彩，因為還是接受政策（冥王星）的挹注，熱錢派對不停歇，市場就不會停止熱鬧。火星和月亮則在「國際宮位」，土星合相火星，代表傳產類股的確容易出現補漲概念的投資價值。

疫情的部份，由於水星在「健康宮位」，刑剋「國際宮位」的火星，代表一年半載很難平息，這一回恐怕就不會像過往「突然消失無蹤」的經驗。不過再從「基因宮位」的天王星合相水星看來，即便病毒沒有離去，不過相對的治療藥物與方式，以及疫苗將會問世而成為像感冒病菌一般的常態病菌。

延續水天合相的現象，再觀察火星也合相土星，代表即便病毒依舊存在，確診者也持續增加，國際上的財經活動將會持續運作，因此這是個值得給予審慎樂觀評估的「天星」結構。而就所占得的【澤風大過卦】看來，也是如此。卦象中的「變數」與「疫情」壓力雖大，不過卦象中的國家政策與醫療系統都十分強健，因此「該做什麼就繼續做，而該怎麼做就繼續怎麼做」，順勢而為成為了卦象對於2021年國際財經趨勢的卦象註解。

美國、歐洲、中國

美國 ➡ 大盤往上力道有限，投資趨向保守

　　雖然疫情還未獲得舒緩，不過許多地方已然開始解封，股市漲翻了天，相關單位為2021年所做的經濟預測，也一個比一個樂觀。美聯儲主席鮑威爾指出「比預期更早重回復甦軌道」，並且預測2021年的經濟增長率為4.0％。不過認為由於缺乏額外經濟刺激措施，總統大選與第二波疫情……等不確定因素，美國經濟復甦進展可能會因此中斷或離正軌的聲音，亦有之。

　　【火天大有】是2021年美國經濟發展卦象。這一卦說的是「大大擁有」與「壯盛富足」，因此按常理說這是個好卦。不過在這非常的年代很難按常理說，而卦象中的也出現了此種現象，那就是策略很容易修正再修正，只為了因應經濟與疫情的變數。

　　就卦象而言，美國經濟不論是哪一種說法，都沒有存有悲觀的氛圍，因為卦象中透露出容易以「政治」的手腕，給予最多的資助，就是為了不讓經濟陷入崩盤狀態。而卦象中的現象也是如此，那就是「策略對了，一切都順了」。

　　【火澤睽】是美國2021年國運卦象。雖然這不是個好卦，不過卻看到了絕處逢生的訊息，可以預見美國政府救市手腕和策略會更多，

而最終還是會發生效用，只是時間上的問題罷了。或許這就是為什麼聯準會釋放直到2023年都維持低利率的原因。

　　市場認為美股即將大崩盤的不在少數，不過美股偏偏持續上漲，雖然近期出現獲利賣壓和政治不確定因素，而出現漲多回檔走勢，不過整體而言，美股的基本面和政策面依舊看多。而此種現象也出現在所占得的【風地觀】卦象中，即便卦象中依舊存在著修正的訊息，不過大崩盤是不切實際的看法。就卦象而言，大盤再往上發展的力道有限，投資趨向保守的機率逐漸擴大。

　　【巽為風】是NASDAQ於2021年走勢卦象。這是個容易出現大幅度修正的卦象，只不過這樣的修正是屬於健康型態的整理，就機會成本的角度來說，NASDAQ並非2021年最理想資金停留的位置。

　　【澤天夬】是費城半導體於2021年的投資求財卦象。雖然卦象中依舊看到修正的訊息，不過容易獲得市場的青睞，因此股價還有上漲的空間。

歐洲 ➡ 經濟復甦乏力，成長速度不如預期

　　【離為火】是歐洲2021年的經濟發展卦象。這是個以改變為主軸訊息的卦象，而其改變的主軸又在體制式的改變，這其中包括脫歐這件事，英國選擇違反協議，以及貨幣政策正常化，歐洲央行謹慎以對。當前最為重要的還是疫情問題，歐洲政府面對第二波感染疑慮，開始放慢解禁的步伐，甚至於準備反手加碼。

雖然卦象中的主軸精神在於經濟，不過卻看到一種虛耗的現象，可以預見經濟復甦的道路是不順暢的，2021年的增長速度恐怕遠遠不如經濟學者們的樂觀預期。

中國 ➡ 掌握優勢 最壞的時間已經過去

辛丑年是個土星當道的一年，對於中國而言是個最有利的流年，即便世界各國都在緊張面對疫情的再度崛起，中國卻好整以暇地走在自己的復甦道路上。雖然在大環境上還有許多的挑戰，包括疫情與美中商務戰在內，但最壞的時間已經過去了，天氣正在逐步轉晴或是即將天亮的黎明階段。

辛丑年太歲的土星結構是壓力的，對於中國卻是唯一有幫助的，無獨有偶的是，這一年的經濟卦象卻也占得了即將天亮的【地火明夷卦】。這一卦說的是黑暗籠罩，整體而言，這不會是個好卦，不過卦象中的主導元素就是政府的全力以赴，因此黑暗的卦象就成為了黎明即將來臨的卦象。雖然復甦還有一段路，不過最起碼中國正在這條道路上前進。

【水地比】是2021年中國上證股市投資求財卦象。這是個黏著度極高的卦象，粘著政府的政策而行，粘著所擁有的優勢而發展。此種卦象並不適合任何一個中國以外的其他市場，因為【水地比卦】的主導性是單一的，是一人而撫萬邦，是以四海而仰一人的態勢呈現的卦象。

從卦象中的多空結構角度觀察，發覺多方氣勢並不理想，因此修正的機率是存在的，只不過氣勢頗盛的空方，卻釋放出善意，並且幫助多方成功拉來盤勢。因此回檔宜站在營造財利的買方，大跌大買，小跌小買。再加上，卦象中的主導主要氣勢的是領導中樞，因此拉抬的現象十分明確。由此看來，中國上證或其相關概念商品，應該是2021年最值得投資的標的。

黃金、石油、原物料

黃金 ➡ 金價繼續攀升，1970元上下震盪

　　【雷澤歸妹】是2021年黃金投資求財卦象。這一卦說的是節奏凌亂，投資策略不應該急就章，更不應該一廂情願。此種說法並不代表看空黃金，而是在占得此卦的當下，黃金已然從2075元高點下走，一度到達1944元位置。這其中100多元的幅度並不是黃金要回頭，而是市場出現了信心動搖的情況，以及獲利調節賣壓所至。

　　【雷澤歸妹】是個好卦，述說著一個故事，那就是女子出嫁的故事，新郎還未準備好，新娘急著要嫁的故事，凸顯出黃金市場的步伐出現了不協調。不過從卦象中的多空架構角度觀察，又會發覺金價還是容易繼續攀升，因為市場抬轎的能量持續存在，也持續發生。因此黃金的投資已然不再是需求面的問題，而是「熱錢派對」的自然產物。

　　市場上有人說，Fed可以印鈔票，就是不能印黃金，因此金價可以繼續推升。只不過還是要提醒的是，【雷澤歸妹】並不是一個理所當然的好卦，而前段時間代表信心的「黃金市場晴雨表指數」已然升破了25，代表市場已經到了極度樂觀的位置。代表短線上的追逐不應該發生，因為資金容易轉往美元部位。就卦象中的關鍵數字是7和4看

來，2021年金價容易在1970元上下40元震盪。

【雷地豫】是2021年白銀走勢卦象。黃金到達了投資人猶豫的高價位，白銀將因而獲得雨露均霑的機會，而這一卦也透露出值得投資的訊息。

石油 ➡ 需求復甦緩慢，投資宜謹慎以對

【山地剝】是2021年石油投資求財卦象。這一卦說的是「剝落」，對於事務的執行而言，代表的是事與願違。此種「極大落差」的卦象出現在2021年石油的標的上，似乎十分貼切。我們都知道，石油不但是疫情受害者之一，而且是受到嚴重傷害的標的。如今又占得了【山地剝卦】，真的是情何以堪。

市場對於石油的需求復甦十分緩慢，這也是卦象中的特質，因為上艮下坤的土土結合，只會是「土土土」而已。即便沙特阿拉伯譴責不履行減產承諾的成員，並且阻止他們超額生產，為的是穩定油價，但成效有限因為他們還是需要生存。【山地剝】的各自為政，也就是此種現象。而更慘的是，更有知名巨頭公司看壞石油消費市場的前景，認為未來的20年的市場需求都不會到達基本持平的狀態。

即便OPEC會議後油價稍有回神，不過整體卦象中下走的機率應該還是很大，因此投資求財宜謹慎以對。就卦象中原油（JCO&）的關鍵數字為2、8看來，30上下震盪的機率極大。

黃豆 ➡ 奇貨可居，市場交易活絡

說到黃豆最直接的聯想就是天候。2021辛丑牛年的五行架構並不利水氣的發展，因此反聖嬰現象將會加劇，全球天氣受影響的狀態下，農展品價格自然容易居高不下。而2021年黃豆投資求財卦象，也占得了交易活絡，市場需求急迫的【風雷益卦】，因此黃豆在2021年奇貨可居的現象將如期出現。

就卦象中的多空架構角度觀察，發覺果然是價格上漲的元素主事，再加上卦象中的消費市場供需出現斷層，以及疫情舒緩後的市場更加活絡的預期，於是黃豆成為了有利可圖的投資標的，值得密切關注的財富標的。

玉米 ➡ 有利可圖，策略性操作

【水風井】是2021年玉米投資求財卦象。這一卦說的是回歸實際面，那就是需求多少，供應多少，就像在水井打水一般，需要付出才有水可以喝，屬於辛苦有成的卦象。

雖然遇到的天候現象一樣，而需求市場也相同，不過玉米的走勢就沒有黃豆那麼亮麗。相信也是因為如此才會占得【水風井卦】，就卦象中的多空架構角度觀察，發覺雖然依舊是多方主事，不過卦象中的多方腳步並不協調，現實中則觀察到玉米存貨需求比向下的現象，代表市場供需動能正朝向好轉的方向前進。

就卦象而言，玉米的投資求財依舊是有利可圖，只是需要以區間的方式運作，只因為玉米的需求比較容易出現不定性的起伏。

小麥 ➡ 供需失衡，投資敬而遠之

【山風蠱】是2021年小麥投資求財卦象。這一卦說的雖然是腐敗，不過對於投資求財角度來說，還是比較傾向於市場行銷的活絡度。上艮下巽的【山風蠱卦】，自然凸顯的是市場需求沒那麼熱絡，因此容易見到庫存堆積的現象，而這就是造成存貨需求不斷創高的原因。

就卦象中的多空架構角度觀察，發覺多方的後繼力道十分不明顯，雖然依舊有特定的呵護力道，不過在供需兩頭失衡的狀態下，小麥持續走弱的趨勢恐怕很難修正，因此投資求財敬而遠之為宜。

美元、歐元、人民幣、台幣

美元 ➡ 政治的不確定性，升值氣勢不佳

聯準會持續降息，以及強調低利率將維持到2023年的決策，美元遭到拖累逆勢反貶。即便科技業與經濟數據有利於美元的升勢，不過還是因為政治的不確定性，以及疫情存有變數的因素下，短線上還是比較容易偏空發展。

有意思的是，在這個節骨眼上，2021年美元走勢卦象，正巧就占得了見好便收的【天山遯卦】。從卦象中的多空架構角度觀察，發覺卦象中的升值元素氣勢不佳，即便面對貶值有按兵不動的現象，不過長期看來還是會面臨貶值的壓力。

歐元 ➡ 市場不安，反彈需要更多條件

【澤天夬】是2021年歐元走勢卦象。這是個具有關鍵性拐點現象的卦象，有許多的政治性決策正等著發生，即便脫歐事件讓市場感到不安，不過扮演歐元區火車頭角色的德國，宣布超過4500億歐元（5050億美元）的財政刺激計劃，而此歐洲最大的經濟激勵計畫，讓市場對歐元區經濟的信心，相信可以從疫情中快速恢復。

從卦象中的多空架構角度觀察，發覺歐元雖然存在升值氣勢，不過卻礙於政治決策，因此對於反彈的元素還需要更多條件。就卦象中的關鍵數字為6、7看來，歐元兌美元的部份容易在1.1600附近震盪。

人民幣➡ 美元持續走弱，人民幣升值

【澤火革】是2021年中國人民幣投資求財卦象。這一卦說的是改革與變革，在占得此卦的當下應該有的投資求財是逢高調節，獲利為安。不過如果拉長時間觀察，將會發覺「革」的意義在於革除過於的主見，改變對於人民幣投資求財的策略。換言之，人民幣升值的趨勢已然啟動了。

不過還是要研究的是，就卦象中的多空架構角度觀察，其實人民幣的本質並不具有升值的特殊能量，而是大環境使然，首先當然是美元的持續走弱，因而拉抬了人民幣不斷升值，以及疫情過後中國經濟逐步復甦。

另外，【澤火革】的改革與變革的部份，從市場上的報導可以看出端倪，根據摩根士丹利（Morgan Stanley，簡稱大摩）最新報告預測「人民幣將在十年後成為全球第三大準備貨幣，僅次於美元和歐元」，而大摩也預估，人民幣兌美元匯率將在明年底升至人民幣6.6元價位。

就卦象而言，這是一種時勢型態下的現象，而卦象中的關鍵數字

為7、5，因此人民幣升到6.5元的機率是存在的。

台幣 ➡ 充滿變數，升值力道不明顯

【風澤中孚卦】是2021年台幣匯率觀察卦象。這是個充滿變數的卦象，而此種變數比較傾向於市場浮動的變化，換言之是一種以務實為主軸思維的卦象。如同央行總裁楊金龍所述，如果全球貨幣政策屬於寬鬆，則台灣貨幣政策也會是寬鬆，並定調當前台灣的貨幣政策基調為「持續寬鬆」。

國際「熱錢派對」也同樣眷顧了台幣匯率，熱錢不斷游向台灣，新台幣早已創了2018年以來的最高紀錄，未來台幣兌美元維持在2字頭應該會是常態。

【風澤中孚卦】的主軸訊息在於市場，而靈活則是其主要策略和精神。再以卦象中的多空架構角度觀察，發覺卦象中繼續強勁升值的力道並不明顯，再加上卦象中的關鍵數字為5，因此容易在29.500附近震盪。由於1和8是利多數字，因此見到了值得進場營造機會財利。至於，升破28的機率並不大。

風水造吉
財源滾滾

辛丑年

2021牛年，給予正向的風水布局

成功，那是因為跟對人，找對合作夥伴！

迷路，則是因為問錯了人！

想成功，就要學會「借力」，而不是「盡力」。

一句句經典名言，都在述說「借力使力少費力」的哲學，這些也都是待人處世哲學，就像孔明借箭一般，即便是敵人如曹操，也可以成為借力使力的對象。風水也是如此，真正的風水學就是研究如何向宇宙借助能量，以及如何順大自然的勢，即便是煞氣只要轉化得宜，還是可以讓自己成為事半功倍的幸運兒。

在「九星風水學」中每一年都有一顆影響當年整體環境氣勢的主星，掌握住這顆主星的特質並借力使力，就有機會讓自己的流年運勢站在順風的位置上。

「大破大立」果然是去年（2020庚子鼠年）的流年寫照，因為流年主星是「七赤破軍星」，你順了風勢嗎？

「六白武曲星」是今年（2021辛丑牛年）的流年風水主星，「官貴星」是「六白武曲星」的稱號，由於是「九星」中的第一大吉星，因此只要給予正向的風水布局，這將會是個「貴人滿滿」，而事業有成的一年。

只不過可惜的是，貴氣十足的「六白武曲星」出現在具有「入墓」氣息的「辛丑年」，於是「六白武曲星」的負面能量容易被喚醒，那就是孤掌難鳴、貴人蹇滯，事業和商務的發展也容易因而受到影響。

　　辛丑年的太歲干支組合現象是「太歲入墓」，這是一種包覆的現象，保守是最容易呈現的市場氣息，因此給人最強烈的感受將會是有志難伸，而鬱悶的「入墓」氣勢對於健康也有極大的負面影響，因此2021將會是個最需要執行風水開運布局的流年。

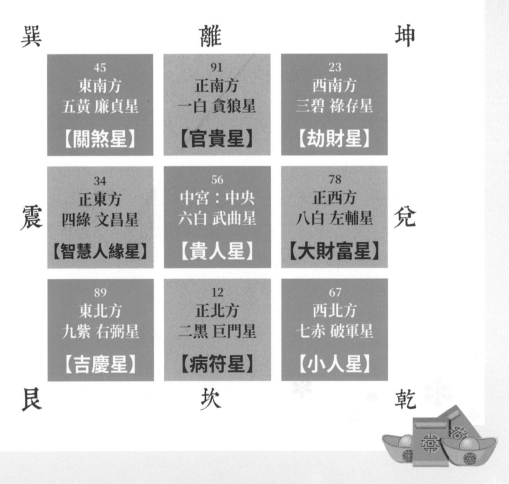

巽　　　　　　　離　　　　　　　坤

45 東南方 五黃 廉貞星 【關煞星】	91 正南方 一白 貪狼星 【官貴星】	23 西南方 三碧 祿存星 【劫財星】
34 正東方 四綠 文昌星 【智慧人緣星】	56 中宮：中央 六白 武曲星 【貴人星】	78 正西方 八白 左輔星 【大財富星】
89 東北方 九紫 右弼星 【吉慶星】	12 正北方 二黑 巨門星 【病符星】	67 西北方 七赤 破軍星 【小人星】

震　　　　　　　　　　　　　　　兌

艮　　　　　　　坎　　　　　　　乾

擺放白水晶，化解病符星厄運

守得住健康，才能守得住江山！

健康是最大的財富，八股到不行的耳熟能詳，卻是千古不移的真道理。

健康需要維護，良好的作息與飲食養生是好方法，而健康的環境與磁場卻也缺之不得。

「病符星」在風水學中不只是星曜的稱呼，而是左右屋宅空間磁場的重要能量元素。

「二黑巨門星」是風水學中的「一級凶星」，被稱為「病符星」，具有憂愁、抑鬱、病痛的特質。

「二黑巨門星」必須得到適當地轉化，屋宅成員的健康才能受到維護，而公司的營運則能避免陷入無助狀態，業務和財務部門更需要避開這個位置或布局轉化，否則恐怕只會徒呼奈何。

幸運的是，「二黑巨門星」雖然是凶星，一旦得到適切的轉化布局，反而具有「旺田產、興人丁、家庭圓滿、平順」的吉利

效應。由於「二黑巨門星」五行屬「土」，因此「金」成為了最佳轉化五行元素，在過去的年代會建議擺放銅鈴，事實上擺放白水晶、白色瓷器和金屬雕飾品，不但美觀，同時也具有化解「病符星」厄勢力的效果。

2021辛丑牛年的「病符星」飛臨「正北方」，這是個水氣旺盛且具有氾濫意涵的卦位，可以預見的是健康的維護在2021年將會是門十分重要的功課。就目前的現實面而言，疫情如何變化我們無法左右，不過自己家園的健康磁場肯定可以自己掌握。

風水開運策略

屋宅正北方位置務必整潔明亮，白色是開運色系，而白磁花瓶、彌勒佛，如金葫蘆、金錢鼠、金算盤……等，是理想的化煞擺飾。另外，請再加上一碟海鹽，既化煞又提升人緣和成員和睦的能量。陰陽水是值得在正北方擺放的開運化煞聖品，陰陽水製作如下：圓形透明、肚大口小的金魚缸，缸口以波浪形為佳，八分滿的自來水和冷開水各半，缸底放置五彩石與六個一元硬幣，代表六六大順與金水相生。

西南方　橘色鹽燈為首選，
化劫財為生財

你會守財嗎？

你是否覺得老是存不下錢？

你會理財嗎？

你是否覺得你努力理財，可財總是不理你？

你省吃儉用嗎？

你是否覺得省吃儉用的結果是零存整付，最後還是成不了富翁嗎？

你懷疑自己的財運嗎？

你是否覺得自己沒有偏財運，需要補財庫防劫財？

不要再懷疑，也不要再繼續空洞地「覺得」了，就讓我們從風水布局上著手，屋宅磁場改變了，離有錢的距離就更近了。

開源節流是讓自己有錢的不二法門，至於開源的部份請讀者們閱讀「文昌位開運篇」，節流就從化解「劫財位」的負能量著手。「三碧祿存星」是顆凶星，具有逞勇鬥狠的特質，被稱為蚩

尤，為盜賊之星，白話地說就是劫財星。在屋宅空間中，「三碧祿存星」飛臨的位置就是「劫財位」，務必給予適當地化解，否則財庫就像破了洞一般，再怎麼到廟宇拜拜補財庫都無效。

五行屬木的「三碧祿存星」，2021辛丑牛年飛臨到五行屬土的「西南方」，出現了「木剋土」不吉利現象，這個時候「火」是最為理想的趨吉避凶五行元素。

風水開運策略

紅色是最為吉利色系，桌巾、沙發墊、踩腳墊、窗簾、枕巾、紅色福字……都適用。西南方亦可擺放內置陰陽水的白色圓形大肚收口的透明水缸，以及紅紫色花卉、橘色鹽燈、太陽色系檯燈、紫晶洞……。這其中橘色鹽燈為首選，不但化解了劫財星氣勢，同時也提升了家人的健康指數，對於腸胃與婦科的養護具有加分的效益。

正東方　在家點文昌燈，增加正能量

望子成龍，望女成鳳，天下父母心。

除了給子女更多的關懷與照顧外，文昌位的風水布局也可以幫上大忙喔！

百年疫情攪亂了商業市場，也搞壞了事業職場秩序。

你想東山再起或撥亂反正，文昌位風水布局的強大效果值得掌握！

人脈就是錢脈，人緣就是財源。文昌位做好風水布局，有機會讓人氣滿分，錢財自動流進來！

「四綠文曲星」號稱「文昌星」，在風水學中的吉凶雖然平平，不過由於代表的是「智慧人緣」，因此當發揮吉象的時候，具有「登科甲第、加官晉爵、業績長紅、生意興隆」，就算是一般人也會發財聚富。

比較少人知道的是，「四綠文曲星」也有凶厄的一面，一旦「文昌位」出現衰敗式的布局，或是出現了路衝、電箱、缺

角……之類現象，就容易為屋宅成員帶來厄運，那就是「散家敗業，流落異鄉，不得志，遭小人暗算……」，而在健康方面的影響，則是「循環系統、風寒、傳染、男女桃花之疾……」，這其中的「傳染」指的就是流行性疾病。

被稱為「文昌星」的「四綠文曲星」五行屬木，就五行相生的角度來說，五行水和木是提升「文昌星」正向能量的元素。不喜歡「金」來剋害，以及「火」來耗洩。

2021辛丑牛年的流年「文昌星」飛臨五行屬木的「正東方」，於是出現了「木木相助」的吉利現象，因此可以預見的是，2021年將會是個文化產業和通路服務業興盛的流年。

風水開運策略

許多人會到廟宇拜拜點文昌燈，卻不知道要在自己家中和辦公室點一盞可以接納人緣財富貴氣的文昌燈，位置在正東方，檯燈、立燈、崁燈、鹽燈或文昌塔燈，只要維持一整年光亮都會是理想的選擇。

陰陽水、蝴蝶蘭、百合花、山水畫、琥珀、粉水晶、木化石與虎眼石，也都具有提升「文昌星」正向能量的作用。

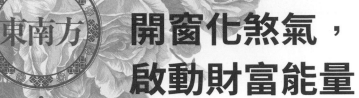

東南方　開窗化煞氣，啟動財富能量

　　人生不如意十之八九，很多人這麼說，不過最難接受的應該就是突如其來的變故。

　　人之可貴，就在於擁有人的情緒，不過最難忍受的也是情緒，並且是毫無緣由莫名暴起的情緒。

　　人與人相處如唇齒，很難沒有摩擦，不過公司或家庭成員之間老是出現口角與衝突，就不能掉以輕心。一種非人為因素的突如其來挫折，如果可以預防，你會想知道如何做嗎？

　　如果你想讓你的人生沒有前述狀況，生活可以更清幽順遂，這篇文章一定要耐心、用心閱讀。

　　「飛星派」風水學術中有一顆極厄之星，被稱為「五黃廉貞星」，是顆極為凶厄的「凶煞星」，其稱號為「正關煞星」，在健康方面「五黃廉貞星」容易引起莫名疾病、憂鬱、腸胃、腫瘤……。這顆「凶煞星」存在生活空間裡，千萬不可招惹激怒祂，不過如果風水布局得當，不但可用紓解的方式化解煞氣，同

時還具有催旺「險財」的效果。「五黃廉貞星」五行屬土，因此「金」是紓解「土煞」的關鍵元素。由於「五黃廉貞星」喜歡開闊，因此開窗讓空氣充分流通是合乎自然的有效策略，而在可以「置水」的方位擺放「陰陽水」，則不但化解煞氣，同時也啟動比偏財還偏財的「財富」能量。

2021辛丑牛年的「五黃廉貞星」飛臨到五行屬木的「東南方」，出現了「木剋土」的不協調現象，因此今年的社會氛圍是不平靜的，健康容易成為這一年的主要話題，而東南方「風」的特質也容易助長流行疾病的陰霾。

風水開運策略

首先把屋宅或辦公室的東南方位置窗戶開啟，如果無法開啟或開窗，則宜在此處加裝電扇隨時鼓動氣流。其次擺放透明圓形玻璃水缸，缸口以開闊為佳，內置陰陽水再加上粗海鹽，並且在農民曆上十二建除中的「破日」和「除日」添加陰陽水。

2021年的此處適合擺放白色燈具，檯燈、立燈、崁燈與白色文昌塔燈皆可。另外，擺放三顆蘋果象徵平安，虎眼石與黑曜石貔貅都具有化煞旺財的效果。

擺放秀麗礦石，旺人丁、興事業

你知道用對工具，可以加大成功的力量，
縮短成功的時間嗎？
借力使力少費力，是因為有了貴人！
你希望在職場上有貴人相助嗎？
誰又會是你的生命中的貴人？
有專家說，自己才是自己生命中最大的貴人！

這句話是正確的，尤其是為自己與家人布個最強的貴人風水局，你的家就是最大的貴人能量磁場，而自己才會是真正的貴人。

飛星派風水學術中的一級吉星，就是被稱為「官貴星」的「六白武曲星」，是具有強大能量的「貴人星」，對於事業的幫助十分顯著。當「六白武曲星」的正向能量獲得提升，升官發財容易如願以償，尤其是流年風水磁場獲得強化的時候，則登科甲第、威權震世、巨富多丁、君子加官、庶人進財……，也將不會

只是夢想。不過值得提醒的是，雖然「六白武曲星」是一級吉星，不過如果出現錯誤的布局，以至於激發出剋煞能量的時候，則不但容易損貴氣、傷事業，陷入孤掌難鳴的窘況中，同時也不利家庭或公司成員們的健康，輕者頭痛、偏頭痛、失眠，重者頭部受到傷害。

「六白武曲星」五行屬「金」，「土」和「金」是提升一級吉星正能量的重要五行元素。2021辛丑牛年「六白武曲星」是流年主星，雖然代表環境中的政治味道只會更加濃厚，不過卻也因為「六白武曲星」飛臨屋宅的中央位置，而容易為自己的家庭或公司營造事業一帆風順和財源滾滾而來的吉利能量。

風水開運策略

黃色、白色與金色是理想旺運色系，客廳的沙發套、抱枕、茶几巾、地毯⋯⋯，皆宜使用這些色系。

「山管人丁，水管財」，石頭與礦石是「山」的代表，因此在客廳或公司中央適當位置，擺放秀麗石頭或虎眼石、鈦晶、白水晶⋯⋯等礦石，則有旺人丁與興事業的吉應。

亦可在客廳懸掛「山水畫」，而水務必向內流；另外，亦可懸掛八駿圖或擺放馬造型雕飾，不過要提醒的是，風水馬最好是舉起前蹄的神氣馬，而馬頭也以向外為佳。

西北方　圓形飾品最理想，化小人為貴人

這個世界最不缺的就是小人了，你也這麼認為嗎？

據說，愈優秀的人，愈容易犯小人。

有人說，只要努力做好人，就不會犯小人，現實生活中真的如此嗎？

不過也有人說，小人才是真正的貴人，而讓你討厭的人，很可能就是貴人。因此，有了「小人和貴人在一線之間」的說法。然而可以肯定的是，你必須擁有化小人為貴人的本事或性格。

如果在風水布局中有一種方法，可以化小人為貴人，化阻力為助力，化競爭為合作，你會想知道嗎？

「七赤破軍星」是「飛星派」風水學中的「小人星」，具有「肅煞」的特質，也被稱為「盜賊星」，是顆需要妥善趨吉避凶的凶星。然而「七赤破軍星」即便稱為「盜賊小人星」，具有盜取功名利祿的特質，不過如果得到了適當地風水布局，「七赤破

軍星」反而是顆創業的吉星，對於事業處於瓶頸的人而言，「七赤破軍星」具有突破的助力。

「七赤破軍星」五行屬金，因此需要「土」和「金」的五行元素化煞為權。正所謂「有形必有靈」，而「七赤破軍星」也最喜歡獲得形體上的正向共鳴與呼應。「七赤破軍星」的方位出現秀麗高起的建築物，容易出傑出文人如行政官、教授、學者之類；圓形擺件或飾品，則容易事業有成，子女出將入相，職場升官發財。

2021辛丑牛年的「七赤破軍星」飛臨五行同樣屬金的「西北方」，由於有了「合作」、「結盟」的吉利意涵，再加上流年「驛馬星」助威，因此有必要在屋宅和辦公室此處多用功夫布局。既開運，又避了小人、呼吸系統疾病、車關、血光之災。

風水開運策略

屋宅和辦公室的西北方不宜擺放大型高溫、振動物件或機械，也不宜大興土木，以免招來肅煞之氣。

圓形飾品最為理想，如球狀的白水晶、虎眼石、黑曜石、黃水晶、鈦晶⋯⋯等礦石，而圓形的山水畫、瓷器、文昌塔燈⋯⋯，也同樣具有化小人為貴人的效果。

正西方　陶甕聚寶盆，累積大財富

　　為什麼我很努力理財，財還是不理我？

　　去年財富重新分配之際，我沒有搭上車，今年還有機會旺財嗎？

　　希望公司財務更旺盛，要如何布局好風水？

　　聽說風水布局中有方法可以，旺財、旺宅一次到位，要如何做？

　　房地產市場啟動了！我想購置田產，有旺運的方法嗎？

　　如果你從事與地產相關的產業，這一篇旺財運的風水文章一定要耐心閱讀。

　　風水飛星派中，有一顆「大財富星」既可旺財富，亦可興家業，更可以營造富貴綿長，子孝孫賢吉應的星曜號稱「八白左輔星」，被認定為「財星」，而所飛臨的地方就是該屋宅或流年的「財庫位」。想守住財富，就要先守住「財庫」。

　　自然宇宙中的事物都具有一體兩面的特質，風水星曜也是如

此。「八白左輔星」雖然是二級吉星，不過當風水布局不對而產生形煞的時候，「八白左輔星」仍舊會招來交通血光、免疫系統疾病、小兒損傷、精神抑鬱………等厄運與疾病。

五行屬土的「八白左輔星」，2021辛丑牛年飛到五行屬金的「正西方」，出現了「土金相生」的吉利現象，再加上這個方位同時出現了「歲祿星」、「歲合星」和「將星」，於是此處到位的風水布局極容易營造「富貴併臨」與「財丁兩旺」的吉利現象。

風水開運策略

為「財庫位」製作「聚寶盆」儲納「大財富」。

「聚寶盆」以陶土或陶瓷材質為佳，因為「土會生金」，形狀則以圓形肚大口小為佳，內置101顆硬幣（大小硬幣或外幣，不論幣值），最好有蓋子，如果沒蓋子宜擺放在櫥櫃中或蓋上紅巾或紙，因為錢財不要露白。石頭或礦石是理想的「富貴併臨」旺運擺件，黃水晶、虎眼石、粉水晶、白水晶、鈦晶……等，也可以擺放紅色或黃色飾品與雕飾。

紅、紫、大地色是值得運用的「名利雙收」暖色系，座墊、抱枕、枕巾、窗簾、地毯、腳墊……等，都值得擺放。

東北方 擺放香水百合，喚醒人緣桃花能量

聽說過「寅做卯發」嗎？

指的就是，馬上布局，馬上開運。

聽說過「五貴運財」旺財術嗎？

說的就是，做對了風水布局，富貴來逼人！

喜歡「家有餘慶」的感覺嗎？

積善是必須的，不過好的風水布局也會讓家庭招來「慶有餘」的喜悅。

姻緣桃花遲到，感情世界空白一片嗎？

風水桃花局值得嘗試看看，對婚姻有益，對事業財運也會有好處。

「九紫右弼星」是顆具有大好大壞特質的星曜，被認為是「吉慶星」，焦躁是其特質之一，因此在風水布局中經常用在「趨煞催貴」，換言之，在「九紫右弼星」的位置布局對的好風水，「寅做卯發」的神奇故事容易發生。不過由於「九紫右弼星」五行屬火，

星性十分剛烈，因此如果不懂得如何布局，寧可保持乾淨清爽。

　　「九紫右弼星」在2021辛丑牛年飛到五行屬土的「東北方」，於是出現了「火土相生」的吉利現象，在這一年如果將夫妻房設在屋宅的東北方，具有「旺人丁」的效果，而公司的「人事部門」設在此處，也有「招賢納士」的神奇的徵員效應。想旺姻緣桃花的人，請在屋宅此處擺放花卉，其中又尤以香水百合最具神效。

風水開運策略

　　紫、紅色是理想開運色系，家具、擺件、吊飾、花卉……等，皆可以運用。

　　擺放水晶礦石可以旺人丁，香水百合喚醒人緣桃花能量，白水星或白色大象則可旺財運、興事業與心想事成。值得提醒的是，花卉必須勤換水與修剪，否則招惹爛桃花或是成為爛好人就不妙了。

　　擺放綠色盆栽，可催旺整體運勢，福祿桐象徵五福臨門，黃金葛代表黃金萬兩，財運亨通。

　　「東北方」在傳統上具有鬼門之說，2021年五行屬火的「九紫右弼星」飛來助威，傳說中的「五鬼運財法」就派上用場。最簡單而有效的方式，就是擺放黑曜石貔貅。值得提醒的是，貔貅需要尊敬，不需要供養，因為養尊處優的貔貅是沒有咬錢的動力。

擺放綠色植栽，提升和諧的能量

招募人才是門不容易的功課，也十分困擾，風水布局上是否有使得上力的布局？

有什麼樣的風水布局可以幫助孩子的事業？

我是很努力的上班族，該如何布局風水讓自己的專業被看見？

工作靠能力，升職卻要靠運氣，請問如何布局升遷好風水？

我們夫妻很努力做人，但就是不成功，在風水布局有什麼方法嗎？

聽說有一種「財丁兩旺」和「名利雙收」的風水布局法，該如何做？

「一白貪狼星」是飛星派風水學中的「一級吉星」，被稱為「文曲星」，雖然也同樣被認為是「官貴之星」，不過「一白貪狼星」比較偏向於撈偏門，類似「無心插柳柳成蔭」，也就是所

謂「異路功名」型態的成就。具有此種命格的人，或者是以「一白貪狼星」為主星的屋宅或所飛臨的位置，最為理想的趨吉避凶策略，就是靈活與順勢，並且搭配流動型態的風水布局。

「一白貪狼星」五行屬「水」，最喜歡的是五行「金」元素來相生，而獲得相生元素的「一白貪狼星」容易釋放官貴的吉應能量，而此種風水也容易培養出優秀的子女。除此之外，家庭成員的事業也比較順遂，而公司方面則容易提升知名度。

2021辛丑牛年，「一白貪狼星」飛臨到五行屬火的「正南方」，於是一種「水乳交融」的吉象出現了，「正南方」成為了今年最圓滿、氣勢最旺、最吉利的宮位。就「飛星派」風水學來說，這是典型的旺財方，想要「名利雙收」、「財丁兩旺」就請用心布局。

 風水開運策略

【水火既濟】九年才出現一次的風水方位卦象，值得牢牢掌握。

在屋宅和辦公室的正南方擺放綠色植栽，將會提升和諧的能量，家和萬事興，人和萬事成，正是此種景況。

擺放木雕葡萄、竹筍，象徵生氣盎然；綠幽靈、虎眼石、葡萄石……，代表喜祿臨門；百子圖、石榴石……，則意味多子多孫多福氣；擺放聚寶盆，則象徵財源廣進，富貴綿延。

生肖開運
招財迎福

辛　丑　年

運用旺運元素，成就滿分的幸運年

這是個忙碌的一年，也會是個擁有成就感的一年，不過是辛苦有成，還是徒勞無功，關鍵在於老鼠們是否用對了流年策略，亦即「旺運關鍵元素」……

📅 流年運勢

卸下太歲光環，迎接的是「病符星」。就傳統角度來說，這是一種需要格外留意養生的意思，不過就整體運勢的角度來說，則是需要補充更多元氣的寫照。因此，「病符星」不代表健康會出現問題，然而如果能量補充不足，則容易生病的將會是整體運勢。即便如此，老鼠們還是無須過度緊張，因為化解的方式十分簡單，耐心看完這篇流年故事就對了。

「歲合星」是顆被認為榮耀與吉利的星曜。辛丑年的太歲辰次是「丑」，而老鼠的辰次是「子」，就「子丑六合」的角度來說，老鼠就是2021年的「歲合星」，也是「辛丑」太歲星的「文昌星」。這麼

幸運顏色	幸運數字	吉利方位
白色、藍色、咖啡色	1、8、7、6 及其組合	正西方、東北方和正北方

多和太歲星有關的角色扮演，可見2021年的老鼠是忙碌的，也會是擁有成就感的。

在現實生活中，有人承擔愈多的任務，氣勢愈旺盛；有人卻因為承擔重任，而力有未逮或相形憔悴；主觀因素是能力，客觀因素則是方法與關鍵策略。對於2021辛丑年的老鼠而言，就需要運用「關鍵元素旺運法」。

丑牛的五行屬土，子鼠的五行屬水，就以「五行生剋」的自然界現象來說，子鼠是被丑年太歲星「剋合」的。運用得當的「剋」代表官貴氣與成就，未能得到轉化的「剋」就是壓力與疾病，而轉化的關鍵五行就是「金」，就2021辛丑年而言，那就是「辛金」太歲。

因此換個角度來說，辛丑年的老鼠是幸運的，因為「旺運的關鍵元素」就是「太歲星天干」，代表貴人氣息明顯。接下來，老鼠們只要將此「關鍵元素」引入自己的生活生態鏈中，2021年將會是個幸福滿滿，成就滿分的幸運年。而生態鏈中的「關鍵元素」代表是：健康、計畫、家庭、團隊、組織、系統、社會……等借力使力元素，以及調適個好心情。

事業運勢

單打獨鬥不如團隊合作。老掉牙的說法，其實就是老鼠們2021年事業可以蓬勃發展的理想方法。

「歲合星」的光環讓老鼠們擁有來自於太歲的貴氣，代表的事業貴人容易出現助益，不過事業壓力也容易隨之提升，而職場成就也不容易獲得肯定或穩固發展。

這個時候，有必要讓「開運關鍵元素」展現能量，而這個元素就

是五行的「金」，代表的是自我價值的肯定，一般老鼠可藉著考取證照的方式獲得國家或權威單位的背書，讓事業進入穩健狀態。對於企業老鼠而言，代表的是公司體制與系統的更健全，只需要管理系統，就無須因為人的因素困擾。另外，組建或加入穩健的團隊，讓自己不再單打獨鬥。如此一來，2021年的事業運勢就有機會蓬勃發展。

財利運勢

偏財祿，是老鼠們在2021年除了「歲合星」之外的太歲體制下新職務。這個新職務並不討喜，因為如果運作不當反而容易成為付出財富的「偏財祿星」，也就是「太歲提款機」。

再以太歲五行結構角度觀察，發覺對於老鼠們來說，這是個多了名，而少了利的流年。換個角度來說，容易因為贏得面子，而輸了裡子。

對於企業或商務老鼠而言，除非財務健全，否則不宜過度擴張事業版圖。

對一般老鼠而言，這一年最為理想的投資將會是穩健型標的，定期定額是一種策略，股與債之間的比率，最好是股4債6的理財結構。

對於有意購買不動產的老鼠們來說，這是十分理想的置產年，財富也有機會因而獲得翻倍的機會。

情緣運勢

太歲文昌星，是老鼠們在辛丑年的榮耀職稱。代表的是，老鼠們這一年的人際關係磁場是正向而活躍的，因此最好的旺運策略就是積

極廣結善緣，積累貴人籌碼。對於情緣運勢而言，太歲文昌星並沒有加分的作用。

　　成家立業，是老鼠們在辛丑牛年最需要執行的旺運策略。有意購買屋宅的積極賞屋買屋，還未做好準備或已經擁有屋宅的老鼠，則有必要將住家整理一番，調整磁場的目的在於迎接整體幸福好運氣。

　　已有伴侶的男士們，有必要觀察另一半的健康，愈早安排健康檢查愈好。女士們的情緣運勢較為理想，正緣星冒出頭的今年，單身適婚的妳請放慢腳步，讓自己和對的他都有機會。

開運風水

　　一命、二運、三風水……，由此可知想要擁有好命運，就從擁有好風水開始。既然「金」是老鼠們2021年「開運關鍵元素」，那麼「開運關鍵方位」就在正西方、東北方和正北方。至於如何執行，且讓我們繼續看下去……

　　老鼠本命五行屬水，方位在正北方「子辰次」，2021辛丑年太歲方位在東北方「丑辰次」。就「子丑六合」角度來說，老鼠是今年的「歲合星」，而此「歲合星」需要五行元素與風水布局的方式，才能提升「歲合」正能量與力量。既然「旺運關鍵元素」是金，白色與金黃色是最為理想的開運風水色系，屋宅的配置與穿著的搭配都值得運用。太歲天干「辛金」是旺運關鍵元素，而「酉金」則是辛丑年「歲祿星」，其代表物為「雞」。老鼠們宜在住家與辦公室東北方擺放「金雞報喜」的雕飾或圖騰，材質最好是白水晶、鈦晶、黑曜石或金屬，而也是「五鬼運財法」的一種。

貴人方位：正西方、東北方和正北方。
貴人生肖：雞、老鼠、猴子、龍。

屬鼠各年次流年運勢

1996 年的老鼠（民國85年，丙子年，26歲）

太歲星天地正合的生肖，是辛丑流年運勢指數最高的生肖。不過在整體行運氣勢中還有需要補強的，那就是學習力與行動力。就從設妥目標開始，目標愈明確，行動力才有機會精準集中。

先求有，再求好。事業方面雖然氣勢並不穩固，卻不是理想的轉職年。三人行必有我師，尊重夥伴，先成為別人的貴人，老鼠們才有機會破除貴人不臨的窘況。

男士們的正緣星雖明顯，但若不及時掌握，恐怕將會是過眼雲煙。

1984 年的老鼠（民國73年，甲子年，38歲）

健康是最大的財富。由於健康星磁場不佳，養生成為了今年最重要的課題。一紅化九災，建議老鼠們為自己安排個詳細的健康檢查，或挽起袖子捐出鮮血，既救了人也化了災。

事業磁場十分理想，有一種「異路功名」的感覺，那就是點子到哪裡，行動就到哪裡，而成就就在那裡，無心插柳柳成蔭的味道是美好的。

男士們的情緣運佳，值得努力；女士們宜提防誤踩地雷。

1972 年的老鼠（民國61年，壬子年，50歲）

機會是留給準備好的人！其實當機會來了即時行動才是王道，亦

即不是準備好再行動，而是行動了就是掌握住「機會」。這是個機會星活絡的年，不過可惜的是，卻容易因為外在環境，而讓機會白白流失。

換個角度看世界，是老鼠們最為理想的流年新心境。換個模式成就不一樣的成就，做以前想做卻又因為顧忌而沒有做的夢想。就從走出自我領域開始，否則這將會是個孤單感覺如影隨形的一年。

1960 年的老鼠（民國49年，庚子年，62歲）

朋友是老鼠們2021年最需要的開運元素。

由於太歲星的磁場，老鼠們容易感受到一股莫名的卡卡感，像是一種鬱悶，卻也不那麼嚴重，但那種禁錮的感覺揮之不去。也許和年齡有關，也或許和大環境有關，不過卻是老鼠們新蛻變的機會訊息，而重點元素就是朋友。

廣結善緣是好策略，不過最好是新領域的新朋友，就從歡喜學習開始，而這也是讓健康磁場可以獲得提升的好方法。

1948 年的老鼠（民國37年，戊子年，74歲）

活動，活動，想要健康就要動，想要好的生活品質就是要動。2021年的太歲提供了舒緩的磁場，老鼠們的活動力容易因而降低，雖然舒適感多了，不過生命的律動感少了。外出走走，看看花，看看草，看看老朋友。由於消化系統也因而減緩了，因此享受慢活成為另一種流年意境。安排學習課程，琴棋書畫無所不能，烹飪美食，訪古尋幽，心動就該馬上行動。

屬鼠流月運勢

宜謹慎面對的月份：四月、五月、六月、十月

正月 運勢（國曆2/4～3/4）

　　新年新景象。一股啟動的磁場出現了，老鼠們可以安排新春旅遊，更可以計畫未來一年的行動目標與時程。這是事業出發月，做好準備迎接貴氣十足的事業年。只不過，家庭磁場需要調整，健康運勢需要關照。情緣方面，女優於男。

二月 運勢（國曆3/5～4/3）

　　文昌星主事的本月，應該是吉利而順遂的。可惜的是，由於「矛盾」的磁場十分強大，機會容易在三心二意的情況下流失。而最為理想的化解方式，按圖索驥，按圖施工，依照計畫行事。投資求財宜以低接為主軸略。紅鸞星照拂，情緣運勢佳。

三月 運勢（國曆4/4～5/4）

　　三合吉星照拂的本月，按理說應該是吉利的。只不過，由於「五貴星」與「官符星」職月，即便人際關係磁場頗佳，也需要謹言慎行。由於合作的磁場頗盛，貴人能量也十分明顯，以學習為出發點的合作，容易創造預期中的成果。

四月 運勢（國曆5/5～6/4）

　　本月不宜嫁娶。雖然出現了「月德吉星」的身影，不過由於月犯「小耗星」，重要吉事避之為宜。即便人際關係磁場並不順暢，不過合作創造財富的現象值得掌握，關鍵重點在於只談生意，放下惱人的情緒。男士們宜謹慎面對情緣，誤踩地雷的結果會很慘。

五月 運勢（國曆6/5～7/5）

　　本命對沖的月份，諸事不宜，尤其忌諱嫁娶，即便是登記也需要避開。雖然如此，由於財氣旺盛，投資求財宜順勢納財，追逐是忌諱。已有伴侶的男士們，宜關心另一半的健康，安排健康檢查是理想趨吉避凶。事緩則圓，新事業的出發稍安勿躁為宜。

六月 運勢（國曆7/6～8/6）

　　歲破月，同時也是老鼠的六害、三煞月，因此諸事不宜。雖然如此，由於「龍德吉星」與「紫微星」併臨，對於既定的與例行性事務，依舊可擇吉執行之。堅持是化解「六害星」的祕訣，不過本月宜避開「對事不對人」的行事法則，因為更容易招惹小人。

七月 運勢（國曆8/7～9/6）

　　傳統七月尊重就好，以孝親月的方式面對，就不會鬼影幢幢。對於老鼠而言，這是個吉利的月份，首先「三合吉星」照拂，其次「歲

德星」臨月，再加上貴人磁場活絡，本月即便因為七月而未能諸事皆宜，但可以肯定的是平安順遂。

八月 運勢（國曆9/7～10/7）

歲祿星職事的本月，再加上月圓人團圓的節日，自然是吉利非凡。事實上，老鼠們擁有四大吉星併臨，那就是「天喜、福德、天德、福星」，本月諸事皆宜。桃花星職月，本月大利廣結善緣，就從佳節的祝福開始。禮多人不怪，送禮要送到心坎裡。

九月 運勢（國曆10/8～11/6）

壓力星沈重的本月，第一要務就是安排舒緩方式。就傳統角度來說，這是個官貴星氣場活絡的月份，因此事業貴人明顯，不過事業值得努力，健康也需要多費心思。換個角度來說，勇敢承擔，再加上妥善規劃，這是個容易讓事業價值翻揚的月份，值得掌握。

十月 運勢（國曆11/7～12/6）

病符星主事的本月，雖然有必要留意健康與養生事宜，不過最需要的還是心態上的堅持。原因別無其他，只因為功虧一簣的氣息濃厚。本月不利嫁娶。借力使力是一種智慧，也是一種修為，不過借助系統的力量遠比借助人的力量要強多了。本月不宜嫁娶。

十一月 運勢（國曆12/7～1/4）

　　本命之月，具有大好大壞的特質，因此宜謹慎行事。本月不利嫁娶，即便是登記也寧可信其有，畢竟是終身大事。大環境在「歲合星」的加持下，再加上「太歲文昌星」職事，以及老鼠們的「將星」護持，只要按部就班，步步為營，本月只會大好。

十二月 運勢（國曆1/5～2/3）

　　本命六合月，這是個吉利的月份，本月大利嫁娶。不過值得提醒的是，由於「太歲星」職月，老鼠們的事務運作需要的是策略，而最好的策略將會是團隊合作。歲末年終，不妨做個年度檢討計畫，以及未來一年的規劃，以便迎接機會星活躍的老虎年。

註：農曆正月以立春開始計算，括號內國曆交接以節氣時辰界分。

善用「金」元素，創造機會與財富

12年一次的當家作主，牛族們宜善用此擔任太歲星的機會開創榮景。這一年只要做對了運作，就有機會締造接下來12年的好運勢。很期待是吧！

📅 流年運勢

擔任「太歲星」的牛族們，美其名叫做12年一次的當家作主，不過真正的意涵卻在於「犯太歲」。什麼是「犯太歲」？直白地說，就是和太歲一樣的生肖，就像2021年是辛丑牛年，而屬牛的生肖就是犯太歲了，也就是冒犯了神聖的太歲星。換個角度來說，你的生肖和太歲一樣都是屬牛。

太歲星在傳統的觀念中是一年中最偉大的神祇，就像發號司令的值星官一般，因此不但不宜冒犯，同時還要特別到廟宇拜拜安太歲，祈求一整年的平安順遂如意。既然是一整年的當家老大，就像帝王一般是不可冒犯的，因此屬牛的朋友們在這一年的第一件開運任務就是

幸運顏色	幸運數字	吉利方位
白色、藍色、紅色	7、9、8、0 及其組合	東北方、正南方、正西方

安太歲。

就命理學術角度來說，「犯太歲」就是能量與力量的重疊，如果撇開所謂的吉凶說，屬牛的生肖在2021辛丑年的氣勢反而是最強盛的，此種說法又符合了「太歲可座不可向」的理論，「座太歲」等於借助太歲星的能量，整體運勢容易獲得奇蹟式的提升。因此，辦公室的東北方最好給予一番整理，重要職務的座位可安排在此，公司營運可望獲得奇蹟式的助益。而有趣的是重要談判、溝通與會議之際，選擇坐在東北方已經獲得了一半的贏面。不過也有一說「太歲當頭座，無災必有禍」，這自古以來的警訊，對於專業命理學術者陶文來說，有充分的理由懷疑是長輩或長官給的謊言，其理由是不想讓別人的氣勢比自己旺，免得被騎到頭上尊嚴掃地，甚至於地位不保。

就太歲五行角度來說，辛丑年對於牛族們而言，雖然氣勢最強，不過必須善用「金」的元素，讓太歲氣勢可以為自己創造預期中的機會與財富，而這個元素最典型的代表就是「學習」。

💼 事業運勢

12年一次的當家作主，代表的是一種翻轉的氣勢，不論過去的一年過得如何，翻轉是2021年的流年功課。換個思維面對市場，換個角度看待自己的事業，學會抽離的本領，牛族們就會找到谷底翻身和鯉魚躍龍門的訊息。

貴人磁場旺盛的2021年，廣結善緣是流年第一要務，接觸不同的人脈，蒐集不同的職場訊息，找到借力使力的機會與對象，則太歲星的氣勢才有機會發揮。由於開運的五行元素是「金」，也是學習的代名詞，因此安排專業學習凝聚飛躍的動能。隨身攜帶個金沙曜貔貅，

營造五鬼搬運的能量，而虎眼石也同樣具有把持事業霸氣好運勢的功效。企業老闆們領悟沃爾瑪攜手微軟聯手競標TikTok的合作精神，則事業想不旺都難。

財利運勢

東北方是太歲方，同時也是牛族們的本命方，這個向來就具有「五鬼運財」傳說的神祕方位，2021成為了牛族們凝聚財富的位置，擺放「金雞報喜」雕飾是旺財策略，隨身配戴玫瑰金旺財手環或金魚珮飾都具有提升財富能量的作用。

嚴格說起來，這是個需要謹慎理財的流年，只因為這一年的劫財氣息十分強烈，由於屬於「暗劫財」，因此並不容易防範。除了「安太歲」拜財神之外，最重要的是慎選合作對象，親友們的支借量力而為。把錢存起來的最好策略就是購買屋宅，投資方面則宜以資產概念股為主要標的。定期定額購買新興國家基金為宜，而雲端概念也是積累財利的理想標的。

情緣運勢

太歲之年，不宜嫁娶。這是長輩們不斷地耳提面命，老祖先傳統下來的智慧，還是寧可信其有為宜，畢竟婚姻是終身大事，希望可以得到更多的祝福。

雖然這一年的情緣能量稍嫌不足，再加上「華蓋星」的職歲，容易出現一種「自我感覺良好」的現象。對自信心而言，這是種好現象，對於情緣來說，恐怕就不妙了。從太歲氣息中，發覺牛族們容易

把生活重心擺放在事業上，對於已有伴侶的牛族有必要提醒自己千萬別讓幸福失焦了。對於處於愛情長跑的男士牛族們而言，更需要多些陪伴，以免愛情走了味而不自知。

由於紅鸞星處於隱藏狀態，單身適婚牛族們宜積極參加聚會，主動是幸福的重要元素。

開運風水

既然擔任了「太歲星」的分身，那麼就該充分善用太歲星的磁場能量，未必是唯我獨尊，肯定要創造氣勢如虹。東北方是牛族們的本命位，也是2021年的太歲方，在住家和辦公室的東北方位執行風水造吉，營造風水好運勢。

牛的本命五行屬土，火和土是最吉利的生助五行元素，火的顏色是紅色、紫色，而土則是黃色、卡其色。飛星中的「吉慶星」又飛臨此方，在屋宅和辦公室的東北方點一盞「吉慶長明燈」，具有催旺元神的作用，太歲星旺了，牛族們的氣勢也旺了。紅色是理想旺運色系，圖畫、桌巾、抱枕、擺飾……等，都具有催旺風水的作用。

吉利方位：東北方、正南方、正西方。
貴人生肖：牛、雞、馬、蛇。

屬牛各年次流年運勢

1997 年的牛（民國86年，丁丑年，25歲）

十鳥在林，不如一鳥在手。聚焦是牛族們的流年功課，聚焦在事業上的學習與成長，聚焦在人脈關係的經營。這個年頭想成功就必須擁有更多的專長，就從立志讓自己進駐斜槓的領域開始。人緣磁場並不理想，主動出擊勤於參加社交活動，廣結善緣積累人脈，尤其是比自己年長且具有豐富社會歷練的人。情緣稍安勿躁，事緩則圓。財利運勢佳，投資買賣同樣需要聚焦的策略。

1985 年的牛（民國74年，乙丑年，37歲）

貴氣十足的流年，事業運勢是理想的，不過由於壓力十分沈重，因此如果缺乏團隊的運作，所謂的理想也只不過是為人作嫁罷了。健康磁場並不理想，在安太歲與拜藥師之際，也請安排健康檢查。有道是「一紅化九災」，捐血是化解血光之道。雖然成家立業是旺運好策略，不過女士們宜謹慎面對今年出現的情緣對象。其餘牛人宜將住宅整理一番，為的是迎接流年好風水。

1973 年的牛（民國62年，癸丑年，49歲）

物極必反。對於73年牛族們而言，這是個翻轉式改變的流年，雖然以事業運勢較為顯著，不過整體運勢還是容易出現正向的轉化。事業有機會更聚焦而找到新方向，家庭也容易獲得新的幸福能量，修造、搬家與購買屋宅都是理想蛻變的展現。愛情方面，隨緣就好。男

士們宜關心另一半的健康。投資求財，宜以消費型電子類股為理想標的，資產、營建類股值得著墨。

1961 年的牛（民國50年，辛丑年，61歲）

　　真正犯太歲的生肖，也是最需要安太歲的生肖。即便如此，還是要向牛族們恭喜，因為走過一甲子，生命將會進入另一個新的境界，2021年就是最為理想的起跑線。值得設定新的人生目標，不過別忙著開跑，今年做好充分的準備，真正的亮麗登場將會在2022老虎年。男士們需要給另一半更多自主空間，對於運勢與健康都有益處。女士們宜多用心婦科方面的保健。

1949 年的牛（民國38年，己丑年，73歲）

　　人生有許多夢想等待實現，而且不需要因為年紀而進行委屈性的修正。這是個充滿驚奇喜悅的流年，對於等待實現的夢想而言，這是個有機會逐步圓夢的一年。沒事不要窩居在家中，到處走走，體力好走遠一點，體力有限則輕便隨意就好。有道是「既要活得老，更要活得好」，而好的生活應該自己創造，不是等待子女提供，就從享受美食開始。投資求財宜以金融債券類型為佳。

屬牛流月運勢

宜謹慎面對的月份：二月、三月、六月、九月、十二月

正月 運勢（國曆2/4～3/4）

　　新春期間，最重要的就是享受家人歡聚的幸福。人緣磁場頗佳，本月大利廣結善緣，就從新春祝福開始，好運勢指標和祝賀人數成正比。謹慎理財是金錢運勢方面的提醒，不過新春期間的歡喜劫財恐怕還是不容易避免。雖然紅鸞星動，不過本月不利嫁娶。

二月 運勢（國曆3/5～4/3）

　　桃花舞春風，這是春風迎人的季節，牛族們仍舊宜專注在事業未來的規劃上。身邊的事務也許不盡人意，矛盾的磁場正以無形的方式左右抉擇，聚焦是理想的趨吉避凶。本月簽約立盟宜謹慎，邀請專家協助以免招惹無謂麻煩，只因為「官非口舌」的磁場特強。

三月 運勢（國曆4/4～5/4）

　　本命三煞月，同時也是歲煞月，本月諸事不宜。諸事不宜不代表啥事都幹不了，而是重要事務規避之為佳。何況本月還是出現了「歲祿合吉星」的照拂，代表的是許多事情「寧可曲中求，不可直中取」。財利運勢頗佳，投資求財有利可圖。男士們宜提防招惹爛桃花。

四月 運勢（國曆5/5～6/4）

　　三合吉星照拂的本月，諸事皆宜。再加上「歲合星」的祝福，本月陽光普照，大利事業的出發和家庭重要事務的執行，例如修造、入宅……，購屋置產更是大利。貴人氣勢明顯，本月大利廣結善緣，積累人脈籌碼。謹慎理財，因為看到了劫財星的身影。男士們情緣運雖佳，但宜避免誤踩地雷。

五月 運勢（國曆6/5～7/5）

　　策略對了，財富長大了；風水對了，幸福增值了！本月依舊陽光普照，只不過多了顆「六害星」作祟，這是個需要善用方法的月份。有道是「有效果比有道理重要多了」，多給自己一些迂迴空間，這是個吉利的月份。桃花星盛開，人緣磁場頗佳，組織正向人脈系統的絕佳月份。

六月 運勢（國曆7/6～8/6）

　　六沖之月，再加上「歲破」，本月諸事不宜。嫁娶之類的重要事務，最好避開本月，莫鐵齒為宜。事業上的異動尤其忌諱，只因為磁場中存在著一種「每況愈下」的負能。簽約合作事宜，事緩則圓。不過幸運的是，就是因為「六沖」反而讓牛族們獲得了轉運的機會，就從轉念開始。

七月 運勢（國曆8/7～9/6）

歲德吉星照拂的本月，既是鬼影幢幢的七月，又是感恩的孝親月。抱持感恩的心，就不會有錯亂感。即便出現的「天官符」厄勢力，需要謹言慎行，不過「貴人星」和「紫微星」同時照拂，再加上「機會星」釋放財利與事業的機會磁場，這是個不為人知的幸運月。

八月 運勢（國曆9/7～10/7）

「將星」職事，再加上「歲祿星」照拂，本月如滿月一般圓滿吉祥。有願望就該大膽許願，有想法就該勇敢落實，不順是事業、商務、友誼、家庭……都有機會順遂如意。不過還是需要提醒的是「白虎星」需要化解，捐血、健檢、參加喜宴與擁抱歡喜心，都會是理想化解之道。

九月 運勢（國曆10/8～11/6）

天底下沒有打不開的結，也沒有無法化解的災厄。對於晦氣沈重的本月而言，牛族們需要的是善念，因為所有的發生都是最好的發生。白色與金黃色是本月絕佳開運色系，而學習是化解疑難雜症的佳策良方，多聽、多看、少抉擇。「天德吉星」能量獲得提升，「刑煞」就算不了什麼了。

十月 運勢（國曆11/7～12/6）

驛馬星發動的本月，就別閒著。由於屬於「祿馬吉星」發動的月

份，因此本月的努力與奔波，有機會啟動第四季與2022老虎年的好運勢。不過，謹慎理財還是在需要提醒的條例中，只因為劫財星虎視眈眈，而化解之道就是合作。男士們宜謹慎面對情緣事務。

十一月 運勢（國曆12/7～1/4）

六合吉星照拂，再加上「歲合星」與「太歲文昌星」同時釋放正能量，這是個吉利的月份。本月大利嫁娶。接近年終，牛族們最好在本月檢視今年的目標達成率，以及著墨未來一年的計畫，因為下個月的磁場並不理想。投資方面，以順勢納財為先，商務款項的收取也需要積極執行。

十二月 運勢（國曆1/5～2/3）

本命之月，也是太歲月。此種多能量重疊的月份，需要的是嚴謹的思維，步步為營的策略。歲末年終不會只是檢視，最重要的是未來一年的目標，因為接著而來的是「壬寅」老虎年，亦即貴氣滿滿的事業與財富再出發年。健康星磁場不佳，別累過了頭，禦寒保暖衣物應隨手可得。

註：農曆正月以立春開始計算，括號內國曆交接以節氣時辰界分。

重新布置居家，好風水是開運要件

由絢爛歸於平靜，這是個值得用心享受的流年。一種不得不的意境，絕非壞事，卻需要適應。用「放下」來形容也不為過，放下是一種生活智慧，然而到底要放下什麼呢？這又是個什麼樣的流年呢？

流年運勢

　　平安是福，平順是福，平淡也是福氣。這是個值得用心享受的流年，享受平安、平順、平穩……，享受平淡的福氣。有人說「休息是為了走更遠的路」，對於老虎而言，辛丑牛年就是如此，因為經過這個牛年之後，緊接而來的就是本命老虎年，屆時老虎們又將會是虎虎生風，龍騰虎嘯，如虎添翼。

　　換個角度來說，辛丑牛年對於老虎而言，最適宜執行的就是養精蓄銳，即便有再大的計畫，再偉大的事業，都需要回歸現實面，以務實的方式面對與運作。並非時運不濟，而是揚起帆，張滿翅，等待風起享受飛翔的澎湃。是的！對於老虎而言，辛丑年的風吹不起帆，由

幸運顏色	幸運數字	吉利方位
百合白、藍色、芥末黃	8、1、6、3及其組合	正東、西北、北方、東北方

於屬於順風的狀態，因此即便想高飛也少了推助的勁道。

也許這個時候有人會和後疫情時代聯想在一起，若果真如此，那也是老虎們的福氣，當大環境正在療傷的時候，老虎們也同步養精蓄銳，補足元氣，擬定計畫，等待時機。因為大環境還未復原，老虎們即便有再大的本事，恐怕也容易換來徒勞無功。而這就是「丑年」對於老虎們的太歲特質，你說老虎們是不是很有福氣！

不過值得提醒的是，辛丑年的太歲氣數中，老虎們的健康星並不理想，因此健康養生將會是2021年的重要功課。而由於此顆健康星與住家風水磁場息息相關，因此調整居家環境成為了迎接新年新希望的首要任務，就從讓陽光充足，空氣流通和動線順暢開始著手，至於到位的流年風水布局請仔細閱讀「生肖開運風水」。

另外要提醒的是，由於辛丑牛年也是老虎的「本命三煞年」，因此也是必須「安太歲」的生肖。

💼 事業運勢

名利雙收是所有人的事業期望，而富貴併臨則是許多人努力的目標。對於老虎的事業運而言，2021丑牛年就是擁有此種氣息的流年，只不過如果沒有用對策略，辛勞之後所換來的恐怕只會是「小財小利」而已。

對於一般老虎來說，這一年需要的是學習與落實所學的機會，也就是所謂的「學用合一」。另外就是參加具有核心文化的團隊，找到好公司是一種方法，或是自己組織可以彼此幫忙的團隊，只因為辛丑年的老虎是勢單力薄的，再加上行動力與執行力都不盡理想，所以系統化的運作是必須的。

這是個積累能量的流年，這一年的努力，成果將會在2020老虎年爆發。沒有必要責怪疫情，因為成功的企業家在任何時候，任何狀況都有解讀與掌握機會的本領。

 ## 財利運勢

辛丑年的「丑土」是老虎們的財利五行，由於「丑土」的五行特質並不活潑，因此對於老虎而言，2021辛丑牛年是個「平穩正財年」。對於朝九晚五老虎而言，收入平穩是最大的福氣，因此有人說「不求大富大貴，但求平平安安」，其意境應該就是如此了。而也就是此種意境，讓2021年成為了老虎最為理想的購屋置產年，不但將金錢狠狠地存下去，同時也晉升到「槓桿理財族」的行列中。

對於企業老虎而言，妥善管理現金流的部份，生意財是有生命律動的，設妥目標和紀律，「平穩正財年」也可以讓財富穩步趨堅。股市投資求財，也是如此。高科技穿戴、雲端、居家疫情概念股……，都是老虎們值得關注的標的。

 ## 情緣運勢

戀愛不是溫馨的請客吃飯！這是陳奕迅《愛情轉移》裡的歌詞。愛情不是簡單的飯局，也不會是深奧的數學題，而是心領神會具有未來大幸福的生活習題。

對於老虎而言，2021是個有機會定下來的流年，或許有些人的愛情特質是「我喜歡熱戀，但不想定下來」，不過在2021年的老虎是有機會轉變的，如果你或妳的對象是老虎，那麼這將會是最為理想的收

成年。

　　男老虎們的正緣星進入了具有「家庭」意涵的磁場中，家的幸福是可以被營造的，單身適婚並且想婚的男老虎，值得加把勁努力。已有伴侶的男老虎，更要珍惜另一半，因為她是你的財富貴人。女老虎們則宜多愛自己一點，新的對象宜多檢視再動心，已有伴侶的女老虎要給自己多一些生活的空間，事業和學習都是值得專注的領域。

開運風水

　　策略對了，財富長大了；風水對了，幸福增值了。好風水是老虎們2021年的重要開運要件，居家和辦公室同樣重要。

　　辛丑年的「丑」屬土，在風水地理上屬於「平洋土」，也被稱為「平洋龍」，對於喜歡山岡的老虎而言，是最不得志的處所。因此老虎們在居家和辦公室的「東北方」，必須擺放一顆秀麗的石頭，虎眼石水晶礦石最為理想，代表老虎上山岡。

　　老虎五行屬木，最需要水來相生，除了在正北方擺放「陰陽水」之外，最好在西北方擺放豬的雕飾與圖騰，以黑色為佳，因此黑曜石貔貅也是理想的旺運元素（隨身攜帶更佳）。

流年幸運方位：正東、西北、北方、東北方。
流年貴人生肖：豬、老鼠、兔子、老虎。

屬虎各年次流年運勢

1998 年的老虎（民國87年，戊寅年，24歲）

心中有抱負，最好的策略就是實現它。98年老虎非同凡響，貴氣十足，更是充滿信心與天賦籌碼，這個時候的重要課題就是積累人脈，而且是年長而擁有豐富歷練的人脈。辛丑年太歲雖然提供了實現理想的機會與籌碼，不過別急著行動，做好準備與完全的沙盤推演，不鳴則已，一鳴驚人。

財利運勢並不理想，代表這是投資年，不是收成年。最好的投資就是投資自己，就從安排學習的機會開始。

1986 年的老虎（民國75年，丙寅年，36歲）

「歲德吉星」是老虎們在2021年所擔任的太歲重要職務，代表的是，只要想要就有機會得到。只不過在太歲的氣數中，還是伴隨著一種「辛苦有成」的能量，告訴老虎們這是個值得努力的一年。

愛情方面，男士們宜珍惜所擁有的，單身適婚男老虎則宜值得努力，因為「正緣星」提供了幸福的能量。女士們則宜締造屬於自己的世界，有財的女人最美，而事業有成的妳也最迷人。

整體而言，財利運勢佳，但穩健性投資標的是首選。

1974 年的老虎（民國63年，甲寅年，48歲）

雖然說「想要才會得到，想飛才會高飛」，然而方法很重要。事業氣息濃厚的2021年，只要願意付出行動，事業成就並不難營造，不

過想要穩健成長恐怕還需要更圓滿的策略。計畫的擬定極為重要，亦步亦趨，穩步前進，建立系統，這個時候「慢」就是「快」。整合經歷與人脈是理想的流年旺運策略。有意購買屋宅的老虎，值得加緊行動，一般老虎也有必要將居家和辦公室整理一下，讓好運勢有機會凝聚。

1962 年的老虎（民國51年，壬寅年，60歲）

健康星需要補強能量的今年，建議老虎們先安排一趟仔細的健康檢查，捲起袖子捐出鮮血更是理想，因為一紅化九災。

事業方面，別衝過了頭，檢視策略再出發，同時也將明年超旺本命年的目標加入計畫中。財運方面，則需要謹慎的方式運作，除了購買屋宅田產外，大筆金額的消費都有必要三思。債券型基金值得著墨，大型權值股也是如此。男老虎宜提防誤踩桃花地雷。

1950 年的老虎（民國39年，庚寅年，72歲）

衣不如新，人不如舊，朋友還是老的好。

人際關係磁場明顯的今年，老虎們有機會結識可以談天說笑的朋友，因此廣結善緣成為今年必須進修的學分。就太歲五行氣數而言，所謂的「老朋友」不一定是認識很久的老朋友，也不見得是年紀跟自己相仿的朋友，而是可以談天，可以合作的朋友。人對了，運就開了。

今年宜謹慎理財，事業運作保守為宜，家庭磁場頗佳，團隊氣勢也十分理想，凡事「一起來」為佳。

屬虎流月運勢

宜謹慎面對的月份：三月、四月、七月、九月、十二月

正月 運勢（國曆2/4～3/4）

　　新春之月，也是本命月，在歡慶新年同時，也需要祝福自己的事業，就從向貴人拜年開始。本月不宜嫁娶，大利廣結善緣，謹慎理財，新春歡樂花費需要設妥預算。女老虎的情緣運勢頗佳，理想的對象有必要化被動為主動。廟宇拜拜，記得換回錢母可催旺一整年財富。

二月 運勢（國曆3/5～4/3）

　　人際關係磁場理想，尤其桃花星在春風舞動下盛開，廣結善緣的任務不應該停歇。男老虎宜謹慎面對情緣事務，誤踩地雷的結果很難收拾，不過已然成熟的愛情到了該收成的時候，因為本月大利嫁娶。事業競爭應該據理力爭，勇敢承接任務開啟一整年事業好運勢。

三月 運勢（國曆4/4～5/4）

　　歲煞之月，諸事不宜。本月不宜探病與弔唁，勢在必行，請隨身攜帶一包粗的海鹽。歲祿合吉星職事，正確掌握借力使力的時機點，老虎們可望事業與名望指數雙雙獲得提升。整合是必要的功課，整合身邊的資源與人脈，讓春天的能量延續。家庭運勢佳，入宅、購屋置

產皆宜。

四月 運勢（國曆5/5～6/4）

　　狀似亮麗的本月，老虎們有必要提防暗小人的干擾，就從建立愉悅的心情開始，讚美與誇耀永遠是理想的趨吉避凶。女士們的情緣運勢如陽光開始普照大地，邂逅機會出現了就別忙著拒絕。男老虎則宜謹慎面對情緣事務，表錯了情可就不妙。投資求財，低接為主。

五月 運勢（國曆6/5～7/5）

　　三合之月，諸事皆宜。將星職事的本月，代表職場事務值得努力，因為辛苦有成。貴人磁場十分明顯，大利廣結善緣，合作事宜的洽商也值得順勢而為，只是合約內容有必要委請專家協助。情緣運勢頗佳，面對正緣星男老虎不應該猶豫。女老虎則宜謹慎為先。

六月 運勢（國曆7/6～8/6）

　　太歲六沖月，亦即歲破之月，諸事不宜。嫁娶之事，尤其忌諱，即便出現了天喜、月德吉星照拂，也是如此。不過由於財利吉星氣勢頗佳，因此投資求財事宜，宜積極執行營造短線財利。人際關係磁場也十分正向，上月的合作磁場本月依舊活絡，借力使力的理想時機。

七月 運勢（國曆8/7～9/6）

傳統七月，多少有所顧忌，重要事務從善如流為宜。對於老虎而言，更是如此，只因為本命六沖月，再加上驛馬星啟動，以靜制動為宜。除此之外，本月不宜出遠門，交通安全需要多一分心思，請牢記疲勞不宜駕駛。情緣事務，別忙著找答案，順勢隨緣為宜。

八月 運勢（國曆9/7～10/7）

歲祿吉星照拂，中秋佳節充滿圓滿吉慶磁場，這是個吉利的月份。本月諸事皆宜，也是因為有龍德吉星與紫微星的併臨。本月大利祝賀佳節，禮多人不怪，尤其是職場上的長官貴人。不過值得提醒的是，與法律有關的事務，例如簽約等事，還是宜謹慎面對。

九月 運勢（國曆10/8～11/6）

辛苦有成，是常聽見的鼓勵，對於本月而言，雖然也是如此，不過策略與方法有必要事先擬定。三合吉星職事的本月，仍舊不宜莽撞行事。財利運勢頗佳，投資求財與商務買賣宜以納財獲利為先。男老虎宜謹慎面對情緣對象的出現。白虎星職月，捐血是理想化解之道。

十月 運勢（國曆11/7～12/6）

六合之月，諸事皆宜。天德吉星和福星併臨，本月大利成家立業，購屋置產宜積極，婚姻嫁娶更不宜猶豫，居家和辦公室的整理與布局也有其必要。值得提醒老虎們的是，本月好運勢的啟動，已然開

啟2022老虎本命年磁場的銜接。大膽許願設目標，願有多大，力量就有多強。

十一月 運勢（國曆12/7～1/4）

歲合星職事的本月，理應吉祥如意，只不過由於老虎們的權勢能量受到了干擾，職場事務宜謹慎執行，重要事務的定奪多方諮詢後再說。愛情是門不容易的功課，女老虎除了宜謹慎面對外，另一半的健康值得關心。投資求財以納財為先，追逐為忌。

十二月 運勢（國曆1/5～2/3）

歲末年終，最適合執行的是除舊布新。本命三煞月，更應該如此，就從居家大掃除開始。除去牛年的鬱悶，迎接虎虎生風的本命年。本月不利嫁娶。由於「病符星」主事，留意天候變化，養好健康過好年。對於明年的計畫該著手規劃，心中篤定，行動才會肯定。

註：農曆正月以立春開始計算，括號內國曆交接以節氣時辰界分。

提升幸運指數，「家」是重要元素

態度是小事，卻造就了極大的差異，邱吉爾的名言是兔子2021年的運勢寫照。有人說「不成功不是因為不努力，而是沒有找對方法」，循序漸進找對了方法，可以創造好流年。

📅 流年運勢

心急吃不了熱粥。老祖先的名言，道盡了兔子們在2021年的太歲磁場心境。

對於兔子而言，這將會是個壓力十足的流年，企圖心雖然滿滿，也很想有成就，而追求中與努力中的成就目標就在眼前，然而就像在海上滑獨木舟一般，海岸就在眼前，可就是怎麼滑還是到達不了。此種遙不可及的意境，不代表就是壞的運勢，更不會是厄運，而是缺少了關鍵方法。

辛丑太歲對於兔子來說，是個尊貴性質強烈的太歲，代表的是事業的成就與貴人的指數，都高掛在太歲星的牌匾上。就是這樣的氣

幸運顏色	幸運數字	吉利方位
月光藍、 金黃色和蘋果綠	1、6、3、4 及其組合	正北方、 正東方、西北方

息，讓兔子們的2021年充滿著憧憬，兔子們也願意展開新的嘗試，因此在這一年開啟新事業的比比皆是，把事業進行轉型的也不在少數，這是個充滿激勵能量的流年。只不過還是要提醒的是，懸掛在太歲牌匾上的貴氣，如果沒搭配適當的策略，牌匾不但是牌匾，同時也是造成焦躁的元素。

面對如此這般的流年，最好的策略就是把牌匾上的尊榮與貴氣當成目標，然後達成目標的策略與計畫則是兔子們掌握成就的必然途徑。換個角度來說，這是個值得衝刺的流年，值得為自己的夢想與理想付諸行動，太歲也提供了成就的能量，然而方法、計畫、團隊、系統……，卻需要兔子們籌組規劃。一步一腳印，說的是逐步踏實，也告訴兔子們亦步亦趨，不疾不徐，心急吃不了熱粥。

「家」是重要元素，把居「家」環境和氣氛整理好，以及「成家」都能提升幸運指數。

「善」的念頭與正向的磁場，以及虔誠的宗教信仰，也都有機會提升「心中的家」的好運磁場。

事業與企業核心價值獲得維護和凸顯，同樣代表把「家」顧好，讓辛丑成為獲得新成就的好流年。

📁 事業運勢

事業磁場極為明顯的今年，兔子們極容易獲得激勵而興起創業或將事業轉型的念頭，這是個值得努力的流年。只不過由於穩健的元素並不理想，因此需要搭配有形的元素，那就是完整並且可執行的計畫、團隊、貴人……等。

對於一般兔子而言，則需要落實個人的進修，唯有提升自我競爭

力，才有機會運用太歲星的事業磁場。簡單地說，這不會是個輕舉妄動的流年，即便有再大的野心與本領，沒有萬全的準備，極容易嘗到滑鐵盧的滋味，一般兔子們也不適宜輕易轉換跑道。不過對於新事業而言，卻十分有利，然而整體計畫卻依舊缺之不得，循序漸進，由小而大，到了2022年就容易晉升王者行列。

財利運勢

「偏財祿」是兔子們在2021辛丑年的太歲職務，不過這是個多了責任，而少了銀兩的職務。如果從名和利的角度來說，這一年兔子們擁有的是名，需要強化的是利。也因為如此，兔子們的流年功課就是如何發展可以賺錢的事務與學習，因此按部就班與設妥計畫和目標將會是重點功課。不過可惜的是，在此種太歲五行架構下的兔子們，最容易出現的行為現象是在自信心超強的狀態下，對於投資求財做出孤注一擲的動作。

遵守紀律是兔子們今年營造財利的重要法則，投資標的宜以與「電」有關的標的，例如：車用電池、鋰電池、讚電池材料、電池芯與電池模組等產業鏈都值得兔子們設為財利標的。

情緣運勢

「家」是兔子們2021年的重要旺運元素。因此「成家立業」是最直接的聯想，對於已然經過一段愛情長跑，或者已然準備好的戀人而言，這是個十分理想的「成家年」。進入家庭運之後的兔子，將會成為極為好運的亮麗兔子。

其餘兔子也是如此，由於家是提供好運勢磁場的地方，因此即便還沒有伴侶，也需要為自己構築個甜蜜的窩，這個時候的風水布局，請參考「風水造吉篇」。

已然進入婚姻的男兔子們，宜留意另一半的健康，建議安排完整的健康檢查，既安心，也化解病符星的厄勢力。至於單身適婚的女兔子，就不需急著在這一年尋找對象，專注在事業、自我進修和健康養生上為先。

開運風水

萬事具備只欠東風。太歲星提供了「貴氣」能量，讓兔子們有機會異軍突起，卻少了掌握與擁有，並且自由運用的元素。有點像有了「職位」，卻少了「權勢」一般，成為了紙老虎。

此種流年架構「水」五行元素十分重要，因此兔子們在這一年宜多採用藍色系列衣物與裝飾，理想的方位也在北方，在住家和辦公室的正北方和兔子本命方正東方，都可以擺放一盆「陰陽水」（一半冷開水，一半自來水），圓形金魚缸最為理想，兩週更換一次。只不過，正北方可以再擺放一小碟「粗海鹽」，以便同時化解「病符星」的厄勢力。另外隨身攜帶一包「粗海鹽」，兩週更換一次，提升流年運勢的效果更佳。

貴人方位：正北方、正東方、西北方。
貴人生肖：豬、老鼠、老虎、兔子。

屬兔各年次流年運勢

1999 年的兔子（民國88年，己卯年，23歲）

有很多的想法，有很多的理念，等待著實現。不過矛盾的磁場卻一直干擾著，這是辛丑年的流年氣場特質。不過值得提醒的是，從整體流年氣數的觀察，發覺此種矛盾的源頭在於兔子自身，因此需要建議兔子們在評估現實面的時候，有必要回歸實際面的情況。理想固然重要，不過現實情況更加重要，許多時候先求有再求好為宜。廣結善緣是今年重要的旺運策略。

1987 年的兔子（民國76年，丁卯年，35）

想成功必須努力，但努力不一定就會成功。這是耳熟能詳的古有明訓，對於2021年的運勢而言，卻是貼切的註解。換個角度來說，理想和現實面的落差，需要兔子們運用智慧與策略改變。

事業上，用力的時候，同時也要運用策略。

金錢上，投資買賣宜階段運作，先保住老本再討論如何衝刺，持盈保泰為主軸策略。

情緣上，男士們正緣星明顯，該努力還是要努力；女士們則多給自己一些時間觀察為佳。

1975 年的兔子（民國64年，乙卯年，47歲）

事業磁場十分活絡，這是個具有轉型能量與新事業出發磁場的一年。新的挑戰出現了，別忙著閃躲，而是尋找策略團隊一起承接機

會。企業兔子們，整頓公司系統，往後只管理系統，無須管理是非。

偏財祿吉星照拂，財利運勢頗優，投資求財宜鎖定具有轉型新題材的標的。

情緣運勢，宜以組織家庭為前提，面對不想定下來的對象，當朋友就好了。這個法則男女都適用。

健康方面，需要紓解壓力，事業重要，健康更重要。

1963 年的兔子（民國52年，癸卯年，59歲）

太歲文昌星，非兔子莫屬。換個角度來說，兔子是最得太歲照拂的生肖，因此可以說這是個十分理想的流年。不過值得提醒的是，也因為此種順遂磁場，容易讓兔子們出現一種「理所當然」的思維，也就是所謂的「先入為主」，而這是讓機會流失的現象。化解之道在於「慢」，事緩則圓，人緩則安，氣緩則順。多想想，反而容易營造「理所當然」之外的驚奇。

1951 年的兔子（民國40年，辛卯年，71歲）

生活步調放慢是為了預見更多的恬適，這是個幸福指數頗高的流年。沒事多和老朋友哈啦，多安排學習的課程，即便是吃喝玩樂都是一種學習，這其中又以才藝式的學習特別容易引動開運元素能量。生活上把自己照顧好，飲食方面不需要挑剔，深信能吃就是福，因為這是個非常需要營養吸收的流年。投資理財以穩定與儲蓄型標的為宜。男士們宜關心另一半的健康。

屬兔流月運勢

宜謹慎面對的月份：三月、七月、八月、九月、十二月

正月 運勢（國曆2/4～3/4）

　　新春期間，喜氣洋洋，更加喜慶的是，兔子們本月大利嫁娶。女士們的情緣運勢頗佳，單身適婚在拜年期間也別忽略了美麗邂逅發生的機會。官貴吉星氣勢明顯，代表勤於拜年有機會積累貴人籌碼。值得一提的是，由於「病符星」虎視眈眈，新春飲食還是不宜過於油膩。

二月 運勢（國曆3/5～4/3）

　　本命之月，不利嫁娶。雖然出現了「將星」與「歲德合」併臨的現象，不過對於兔子而言，還是要避免誤觸小人地雷。此種現象又尤以職場為甚，謙虛是理想趨吉避凶，而不居功則是提升貴人氣勢策略。女士們宜謹慎面對情緣運勢。本月不宜弔唁、探病，勢在必行宜隨身攜帶一包粗海鹽。

三月 運勢（國曆4/4～5/4）

　　歲煞月，諸事不宜，自然也是不利嫁娶。上個月的謹言慎行，讓這個月的小人「六害星」不為禍作亂。對於事務的執行而言，兔子們需要的是耐心，多一分堅持，就多一分成功的機率。「歲祿合吉星」照

拂，對於事業的營運是吉利的，謹慎規劃，大膽嘗試，容易創造佳績。

四月 運勢（國曆5/5～6/4）

歲合星職月，本月諸事皆宜。本命驛馬星當家，雖然容易奔波，不過卻是一種辛苦有成的狀態，因此莫嫌汗流浹背。本月雖然大利嫁娶，不過還是宜謹慎挑選吉日，以免「孤辰星」作祟。女士們的情緣運勢頗佳，而另一半的事業運也十分理想。男士們則宜謹慎面對異性互動機會。

五月 運勢（國曆6/5～7/5）

靠人不如靠自己，因此宜謹慎面對合作的機會，只因為本月特別容易遇人不淑。文昌星氣勢明顯的本月，財利星也格外活絡，對於商務買賣與業務行銷兔子而言，這是個值得努力的時段。對於有意購買屋宅與不動產的兔子而言，是個值得進場的月份，吉屋可得，價錢也會十分漂亮。

六月 運勢（國曆7/6～8/6）

歲破之月，諸事不宜，這裡指的是大環境。由於是兔子們的本命三合月，再加上本命文昌星暗中助益，因此本月依舊有機會揮灑長才，勇敢承接職場上的任務，機會出現了宜積極掌握。財利運勢頗佳，投資求財短線有利可圖，不過還是以低接為主。男士們愛情運頗為理想。

七月 運勢（國曆8/7～9/6）

　　七月是十分敏感的月份，不過比起鬼，更可怕的是賴皮鬼。對於兔子們而言，這是個宜謹慎行事的月份，不因為七月，而是因為要避免官非。簽約事務宜謹慎，法律問題不宜小覷。個資的保護十分重要，被盜用是件麻煩事。女士們的姻緣磁場頗佳，良人很可能就在身邊。

八月 運勢（國曆9/7～10/7）

　　雖然是月圓人團圓之月，不過對於兔子而言，卻是諸事不宜。只因為本命六沖，本月不適宜新事業的出發，自然也是不利嫁娶。健康方面，需要多費心思，居家衛生十分重要。情緣運勢方面，女士們宜謹慎面對。男士們只要學會尊重另一半，就會很幸福。

九月 運勢（國曆10/8～11/6）

　　本命三煞月，諸事不宜。不過由於同時也出現「本命六合吉星」的身影，本月即便不利嫁娶與情緣聚會，卻依舊大利廣結善緣的團體活動。投資求財，有利可圖，只因為財利吉星被引進到財庫中。對於事業的出發也十分有利，只是規劃缺之不得。

十月 運勢（國曆11/7～12/6）

　　三合吉星職事，本月諸事皆宜。家庭運頗盛，搬家、入宅與修造之舉，宜擇吉執行。甚至購屋置產之舉都適宜在本月進行。成家立業

的能量頗優，婚姻嫁娶大吉大利。事業事務的運作就需要謹慎，輕舉妄動是本月最大忌諱。投資也同樣需要謹慎，追逐是忌諱。

十一月 運勢（國曆12/7～1/4）

歲合星職事，再加上太歲文昌星當家，同時也是兔子們的本命桃花月，這是個人緣磁場超級理想的月份。本月大利廣結善緣積累貴人籌碼，本月的努力有機會為即將到來的2022虎年營造順遂能量。紅鸞吉星發動，女士們宜珍惜良人的出現。男士們宜聚焦在事業上。

十二月 運勢（國曆1/5～2/3）

年終歲末，也是太歲之月，本月依舊適宜嫁娶。事業上的事務運作，還是以靜制動為佳。收拾心情好過年，尤其是對於一整年的檢視，因為調整後兔子們將會迎接氣勢超旺的2022虎年。健康星氣勢不佳，宜提防天候的變化。財利運勢雖然平平，不過卻是納財入庫的絕佳時機。

註：農曆正月以立春開始計算，括號內國曆交接以節氣時辰界分。

換角度向上鏈結，提升整體運氣

「歲祿合吉星」照拂的2021年，將會是龍族們換個方式精彩的一年。這一年有機會以文采飛揚或光芒四射的方式綻放才華和實現理想，不過需要策略……

流年運勢

「歲祿合吉星」是龍族們2021辛丑牛年的身份代表，雖然屬於偏沖的生肖，因此需要安太歲保平安，不過卻也因為「歲祿合吉星」而讓這一年有機會精彩一番，並且是前所未有的另一種精彩。

寧在直中取，不向曲中求。據說這是3000年前姜子牙的名言，他說：「寧在直中取，不向曲中求；不為錦鱗設，只釣王與侯。」這是一種策略，也是一種人生觀。然而對於2021年的龍族們而言，卻是相同的策略，不同的意境。只因為「歲祿合吉星」合的就是「歲祿吉星」，同時也是龍族們的「才華星」、「智慧星」、「人緣吉星」以及「財源吉星」。同一顆星曜，同時具有不同的神奇效應，由於並

幸運顏色	幸運數字	吉利方位
白色、金黃色、銀色、灰色	2、6、7、0 及其組合	正西方、西北方、西南方

非以直接照拂的模式呈現，因此龍族們需要的是「槓桿策略」。阿基米德說：「給我一個支點，我就能舉起整個地球」，就是此種意境，龍族們有必要學習「人生拐個彎，生命會更寬」的思維意境。白話地說，龍族們2021年的好運勢架構在迂迴與借力使力的運作智慧中。

即便如此，龍族們還是不宜忽略「太歲偏沖」的事實，這是一種需要徹底化解的不協調能量，否則如芒刺在背的感覺是不舒服的，運勢也容易陷入卡卡狀態。「安太歲」是一種方法，不過比較傾向於自我安慰，最為理想的策略將會是「化煞為權」，那就是轉移目標的轉借疏洩法。風水布局與幸運物的介紹，請閱讀「生肖開運風水篇」，回歸現實面的策略就是「換個角度看人生」，學習運用不同的角度觀察事物，甚至於站在「太歲」的高度鳥瞰世界。換個角度來說，那就是和如「太歲星」一樣尊貴的對象合作，向上鏈結，向上提升整體運氣。

事業運勢

站在市場的前端，想別人想要的事物，創造需求你就是贏家。經典的成功策略，對於龍族們的2021年事業運勢而言，卻是紮紮實實的功夫，只因為旺盛的「土氣」需要「金氣」的疏放，而「金氣」就是龍族們的「才華氣」和「財源氣」，也由於開創是龍族們2021年的得天獨厚，企業龍族們不應該再陷入守舊的泥淖中。

對於一般龍族們而言，學習是走出囹圄最好的策略，模仿再加上創新，新的事業和生財之道極容易因而誕生。還是那句老話，那就是「現代的人兩把刷子已經不夠用了」，龍族們2021興旺事業最好的策略就是進入斜槓人生的行列。

對於有意更換跑道的龍族們而言，這是個值得考慮與嘗試的一年。

 財利運勢

「太歲財源吉星」如影隨形的今年，按理說財利運勢應該是旺盛而美好的。不過可惜的是，由於「財祿吉星」受到了「太歲星」的干擾，因此如果策略不對，即便很會賺錢，賺很多錢，年底結帳還是不如預期。這是一種典型的「有財無庫」的特質，就出現在2021辛丑牛年。不過別擔心，只要畫龍點睛，風水布局再加上理財策略，財富依舊可望豐盈如預期。

股市投資求財方面，儲蓄概念是旺財好標的，生活消費、電信、雲端……都是值得著墨的財利標的。對於有意購屋置產的龍族們而言，這是個值得進場的好時機點，吉利好宅可望覓得，同時也有機會因而積累財富。

情緣運勢

一喜化九憂。雖然傳統的說法，不過的確靈驗，龍族們在2021年最需要的就是營造喜氣洋洋的磁場，就從多參加喜宴開始，也請記得和新人握手擁抱，以便迎接喜氣。

「太歲偏沖」容易讓運勢陷入卡卡狀態，這是個需要「轉化」的流年，對於情緣運勢而言，則需要更多的化解式的趨吉避凶。單身適婚並且想婚的龍族們，需要勤於參加聯誼聚會，愈輕鬆愈容易出現美麗邂逅。已有伴侶的男士們，需要多關心另一半的健康，安排健檢，

也需要安排開心旅遊。

選擇多愛自己的龍族們，除了專注在事業上與未來的生涯經營上，為自己建立個恬適的窩是必要之舉，即便一個人也可以很幸福。

開運風水

「歲祿合吉星」是龍族們的流年代表，而真正開運的是「歲祿吉星」，同時也是龍族們的「才華星」、「智慧星」、「人緣吉星」以及「財源吉星」，這顆星曜的位置在「正西方」，也是辛丑牛年的「大財富方」。

龍族們在居家和辦公室的「正西方」，擺放聚寶盆，內置168元硬幣，1元至50元都需要，代表大財小財皆入財庫。此方可設為龍族們的書房或操盤室，再擺放白色水晶或請一尊「金雞母」回來啄錢。

龍的本命五行屬土，火星是相生的元素，而土星則是一種助益，因此紅色和黃色是本命吉利色系。然而「土氣」超強的2021年，龍族們需要的是「歲祿吉星」的「金氣」，因此白色、金黃色是流年吉利色系，衣服配件用之大吉。流年運勢中的「大精彩」，才容易如期精彩奪目。

流年幸運方位：正西方、西北方、西南方。
流年貴人生肖：雞、猴子、豬、老鼠。

屬龍各年次流年運勢

2000 年的龍族（民國89年，庚辰年，22歲）

年輕就是優勢，而優勢需要受到珍惜，不宜揮霍。勇於嘗試是成功的特質，而經過計畫後有節奏的嘗試，則是提升成功機率的必須。

事業方面，合作機會雖大，不過協調度並不理想，因此對象宜謹慎選擇，也不宜操之過急。財利方面，宜謹慎理財，面對親友的借貸，拒絕不了，則宜量力而為。健康方面，沒事多喝水，壓力需要釋放，體力也不宜揮霍。

1988 年的龍族（民國77年，戊辰年，34歲）

目標明確，行動力才會強勁。

對於88年龍族們而言，辛丑年的行動力十分強盛，企圖心也生氣蓬勃，因此這將會是個熱鬧的流年。只不過可惜的是，由於年度目標並不明確，因此極容易陷入在磨坊裡來回打轉的窘況。如果龍族們已然定了目標，那麼請務必聚焦，因為當什麼都想要的時候，往往會什麼都要不到。事業發展，就是如此。情緣方面，男士們較為幸運，正緣星可望在辛勤後如願以償出現。財利方面，宜謹慎理財，買對了，比賣對了重要。重金屬依舊值得投資。

1976 年的龍族（民國36年，丙辰年，46歲）

「歲德吉星」是龍族們2021年的幸運代表，最為直接的現象就是事業和財利運勢超級理想。

這是個值得努力的流年，尤其是商務買賣和業務行銷的龍族們，汗水與業績是成正比的。

情緣方面，男士們要珍惜另一半，因為她是就是你家的財神爺，只不過需要多關心她的健康，尤其是婦科方便的養生宜多用心。女士們的情緣邂逅雖然不明顯，不過只要多留意，默默守候對象的出現。

1964 年的龍族（民國53年，甲辰年，58歲）

健康是最大的財富，而守護健康也是64年龍族們於辛丑牛年的功課。首先要從不熬夜開始，其次就是維持蛋白質充分的吸收，水是重要養生元素，同樣需要充分補充。家庭磁場和氣氛十分重要，正所謂「家和萬事興」，把居家重新整理布局讓動線更加順場。

財運頗佳，事業經營雖然也理想，不過現金流的管理宜嚴格。

情緣方面，女士們宜留意另一半的健康。男士們幸運的是有正緣星照拂。

1952 年的龍族（民國41年，壬辰年，70歲）

快樂是一種選擇，幸福是一種選擇，而享受生活也是一種選擇。對於龍族們而言，這是個舒適的流年，不過需要更多的自由自在，就從內心毫無罣礙的釋放開始。2021年龍族們的開運元素在於「動」，四處走動，廣結善緣，生活將會更活潑，心境會更年輕。唯一要提醒的是「謹慎理財」，一定要記得一句話，那就是「借出去的錢，就是潑出去的水」，投資理財委請專家是智者之舉。

屬龍流月運勢

宜謹慎面對的月份：二月、三月、六月、九月、十二月

正月 運勢（國曆2/4～3/4）

新年新氣象，新年新希望。在「官祿驛馬星」職事的本月，這是個大利規劃一整年事業節奏與期程的時刻。貴人吉星氣勢明顯，廣結善緣積累人脈最佳時機，就從誠懇熱情的拜年開始。安排旅遊，尋幽訪古，為的就是激勵一整年的鬥志。

二月 運勢（國曆3/5～4/3）

雖然是「歲德合吉星」職事的月份，不過由於本命「六害星」值月，本月不利嫁娶，同時也有必要謹慎面對人際關係事宜。對於事務的執行需要正確的堅持，按部就班是關鍵策略。情緣方面，不論男女都需要謹慎面對，偏緣星是不好惹的。

三月 運勢（國曆4/4～5/4）

本月之月，容易出現大好大壞的現象，再加上「歲煞星」作祟，本月諸事不宜。嫁娶之事，避之為宜。慢半拍，多給自己三分鐘的時間，尤其是人際關係上的互動，三思而後言。健康星並不理想，多休息，多補充水分，藍色是本月開運色系。

四月 運勢 （國曆5/5～6/4）

　　陽光普照的本月，「天喜星」更是提供喜悅磁場，再加上「歲合星」照拂，本月諸事皆宜。這其中尤以家庭事務為佳，大利嫁娶，成家立業。搬家、入宅與購買屋宅順遂如意，亦可將屋宅擺飾調整一番，迎接新季節氣象。職場轉換跑道，值得進行。

五月 運勢 （國曆6/5～7/5）

　　幸福磁場依舊活絡，家庭事務也仍舊理想，購屋置產之舉值得繼續執行。財利運勢氣場並不理想，謹慎理財是必要的提醒，投資多觀察少動作為宜。情緣運勢頗佳，女士們的「正緣星」磁場稍縱即逝，對的人就該主動。男士們宜關心另一半的健康。

六月 運勢 （國曆7/6～8/6）

　　歲破之月，再加上又是「本命三煞月」，本月諸事不宜。對於運勢的經營，最重要的是「不要鐵齒」。選擇大過於努力，人生許多事情其實可以一開始就成功，「賭一睹」真的無濟於事。從善如流是本月趨吉避凶原則，順勢而為則是理財贏家心法。

七月 運勢 （國曆8/7～9/6）

　　傳統的七月，敬畏多過於恐懼。2021年的七月格外不同，那是因為擁有「歲德吉星」照拂，再加上又是龍族們「文昌星」加持的「本

命三合月」，求財順遂，吉利可期。祭祀拜拜行禮如儀，其餘諸事皆宜，重點在於龍族們先要有「百毒不侵」的思想。

八月 運勢（國曆9/7～10/7）

「歲祿星」值月，又是龍族們的「本命六合月」，再加上中秋佳節的圓滿氣氛，這是諸事皆宜之月。財利運勢頗優，投資求財逢低布局，行商買賣與業務行銷有利可圖。由於下個月是「本命六沖月」，因此重要吉事最好在本月啟動或完成。

九月 運勢（國曆10/8～11/6）

本命六沖月，諸事不宜。劫財星高掛，投資理財需要更加謹慎，親友的支借最好量力而為。「五鬼星」虎視眈眈，謹言慎行是必要的修為。商務買賣攸關法律方面的事務，最好委請專家把關。廿二日是「天赦日」，拜拜祈福轉運袪病的大好吉日。

十月 運勢（國曆11/7～12/6）

諸多吉星照拂的本月，諸事皆宜。經過了上月的謹慎與祈福，雲開霧散的感覺是美好的。財利運勢佳，商務買賣與業務行銷值得多加把勁，汗水與財利成正比。情緣運勢就需要多費心思了，只因為「偏緣星」作祟。家庭重要事務，稍安勿躁為宜。

十一月 運勢（國曆12/7～1/4）

　　本命三合月，「將星」又發揮最大的吉祥能量，事業運勢頗佳，機會來了就該勇敢承接。一紅化九災，捐血既可救人，又可化解「白虎星」的血光災厄。財利運勢亦佳，逢低承接是理想策略。情緣運勢以男士較優，該表白就不要猶豫。女士們該有的矜持還是需要堅持。

十二月 運勢（國曆1/5～2/3）

　　太歲之月，又是本命刑剋之月，諸事不宜。就算有天大的機會，百分百信心的事務，都需要謹慎面對，本月計畫，開春後再執行為佳。健康星並不理想，宜留意天候變化，提升免疫力的方法宜多運用。投資理財也是如此，見好便收，貿然出發並不理想。

註：農曆正月以立春開始計算，括號內國曆交接以節氣時辰界分。

維持學習的軌道，命運掌握在自己手裡

一年的努力，可以提供旺三年的旺運能量，蛇族們想要嗎？蹲得低，是爲了要跳得更高！就是此種概念，這也是一種借力使力，只不過主要的動能與條件必須自己營造……。

📅 流年運勢

「太歲三合吉星」照拂的今年，蛇族們的整體流年運勢是吉利的。只不過，在太歲五行氣場平順的狀態下，卻隱藏著一種需要更多動能的訊息，而這些訊息就是因為「華蓋星」而遭到掩沒。換個角度來說，蛇族們於2021年的平安與順遂是令人羨慕的，對於一般人而言，此種現象的確是個幸運的好流年，因為風平浪靜，也因為與世無爭。

雖然說「知足就是幸福，滿足就是快樂」，從生活中的角度來說，此種說法毋庸置疑。然而，從充滿競爭的現實生活型態來說，卻是一種不得不正視的警訊。生命是不斷地延續的，而來自於大自然的太歲能量，也是持續延伸的，許多時候我們所競爭的對象未必是人，

幸運顏色	幸運數字	吉利方位
白色、藍色、綠色與紅色系列	9、6、5、7 及其組合	西北、正西、西南、正南

也未必是社會，往往就是歲月的新陳代謝，由此可知如「逆水行舟」的還有命運的經營。從命理學的角度來說，這就是「命運掌握在自己手裡」的真諦。

從太歲五行氣數角度看來，2021年的確有機會享受平靜，不過從沿著運勢的軌跡角度往前探視，則會發覺2021年之後的三年卻是充滿動能的，而這三年到底能夠飛得多高，人生是否能夠攀上太歲所提供的高峰，恐怕就要檢視2021年的運作與趨吉避凶策略。

休息是為了走更遠的路，不過在缺乏計畫的休息下，往往容易因此失去了動能。不論此種說法蛇族們認同與否，首先2021不會是個適宜讓自己進入休息狀態的流年。事實上，讓自己維持在學習的軌道上，就可以避免運勢熄火的危機，同時也有機會避免「華蓋星」的風采與才華遭到「墓庫星」的干擾與埋沒。

💼 事業運勢

出現驟變後的世界，蛇族們也需要換個思維和角度欣賞世界。「華蓋星」主事的今年，蛇族們的才華容易出現沈澱的現象，最起碼在蛇族們的自我認知上容易感受到「冷」的氣息。這個時候，蛇族們要給自己溫度，一般蛇族們可以藉由考取證照獲得肯定，並且爭取資格。只因為，這是個需要「官貴」與「權勢」之氣的流年。另外，安排專業學習的機會，不只是為了「斜槓」，而是為了提升未來三年的事業旺氣。企業蛇族們則有必要調整公司營運前瞻策略，走在市場的前端。

這不會是個適宜轉換跑道的流年，即便有再大的委屈，也不應該落個逃兵的稱號。新事業的出發宜謹慎，也需要更多的耐心與存糧。

財利運勢

儲蓄雖然已經不再是目前理財的最好選項，不過在金錢星流動能量低的今年，「你不理財，財不理你」的現象真的會發生。從現實面的角度來說，最為理想的儲蓄又可以賺到槓桿財富的策略就是購買屋宅，對於正有此需求蛇族來說，這是最為理想的添置房產年。其餘蛇族則宜選擇具有積累財富的儲蓄型概念標的，例如定期定額購買基金型的投資標的。股市投資求財，則宜以資產概念股為首要買賣標的，另外營建類股也值得關注。

整體而言，這是個平順的流年，財利運勢沒有震盪的現象，唯一要提防的是「暗劫財」。那是一種不知不覺的消耗，有一種財庫破個小洞的感覺，這也就是為什麼需要正確投資的原因，今年不宜留太多的現金在身邊。

 ## 情緣運勢

「華蓋星」是個才華洋溢的星曜，同時也具有自我感覺良好的特質，這一年最容易使用的口頭禪將會是「我覺得、我感覺、我認為、我觀察……」，使用主觀意識的第一人稱。這是一種容易招來疏離感的星曜，人際關係需要用心經營，情緣運勢也多加努力，除非真的很想一個人靜靜的享受一整年的平順。

已有伴侶的蛇族們，請務必用心關懷另一半的健康，因此最好為彼此安排健康檢查，此種現象尤以女士為甚。單身適婚蛇族，如果很想「婚」，那麼就要勤於參加聚會或直接請婚姻專家安排機會，只因

為「正緣星」雖然明顯，卻還是需要旁邊的力量推上一把。選擇多愛自己，則宜將焦點擺放在事業上。

開運風水

　　「留在原地，還是繼續往前走？」是一本書的書名，卻是成長路上的本然現象。順勢而為是蛇族們2021年最為理想趨吉避凶的運勢。此處所說的「順勢」是動詞，就是把「勢」弄順了。

　　從五行角度來說，2021蛇族們需要的是「相生有序」，除了「土星」其餘缺一不可。白色、藍色、綠色與紅色是順風順水的吉利色系，衣著配件搭配運用最為理想。由於東南方本命位是2021年的「關煞位」，因此內置「陰陽水」和「海鹽」的金魚缸是需要的，而此處可懸掛五行相生的「風水畫」，既化解的「五黃煞」，同時也運轉了蛇族們的「本命旺氣」。

流年幸運生肖：馬、雞、豬、老虎。
流年幸運方位：西北、正西、西南、正南。

屬蛇各年次流年運勢

2001 年的蛇（民國90年，辛巳年，21歲）

專業只能讓你求生存，人際關係才能使你脫穎而出。強而有力的名言，正巧是蛇族們2021年的流年旺運策略的寫照。太歲星是好朋友的今年，廣結善緣的任務應該格外加強，唯有積累貴人籌碼才有機會贏下後續鼎旺的3年。輕舉妄動是今年事業上的忌諱，雖然年輕有本錢，不過設妥目標與努力時程才是智者之舉。情緣方面，彼此相扶持、相鼓勵，才是理想的伴侶。

1989 年的蛇（民國78年，己巳年，33歲）

金、水、木是今年的開運五行元素。金，代表的是學習、前瞻規劃與行動力。水，代表的是財富，這一年需要活絡型態的投資策略，例如購買運輸、網通和消費型概念股，又例如生物科技標的。木，代表的是事業，最直接的策略就是打響名號，考取證照是一種，建立品牌是一種，或找到大而穩健的公司任職。情緣方面，女士優於男士。健康方面，需要適量補充水分。

1977 年的蛇（民國34年，丁巳年，45歲）

犒賞自己最好的方式，就是給自己一個溫暖的窩。在太歲氣數中最需要經營的就是「家」的元素，並不代表家庭運勢不佳，而是需要更強化的「家」的能量，有意購屋置產的蛇族值得行動，其餘蛇族則宜將居家整理一番，以便迎接旺運好風水。事業上，有必要給予整理

後再出發的動作。情緣方面，女士們宜謹慎面對，從對自己好一點開始。財利運勢方面，有機會積累預期的財富。

1965 年的蛇（民國54年，乙巳年，57歲）

事業磁場十分明顯，而壓力也同步沈重。在市場出現驟變之後，轉型的考驗層出不窮，再加上2021年的太歲尖銳煞氣，沒有完整的規劃和足夠的準備，恐怕很容易被壓力給吞噬。先從把健康養生的部份做好開始，水分的補充十分重要，不熬夜是避免過勞的第一要件，其次就是飲食與營養的充足了。財利方面，有健康就有利可圖。情緣方面，家庭安樂幸福就會來臨。

1953 年的蛇（民國42年，癸巳年，69歲）

這是個幸運的流年，太歲的氣場以呵護的方式呈現，換個角度來說，這也是個貴人明顯的流年。只不過由於太歲星的五行氣數並不活絡，因此蛇族們有必要為自己營造順暢的氣勢，就從主動幫助別人，率先成為別人的貴人開始。生活上的象徵就是走出既有的環境，接觸新的人事物，將會讓歲星磁場更順暢，好運更活躍。家庭運好，為家人整理歡聚的居家環境。

屬蛇流月運勢

宜謹慎面對的月份：三月、四月、六月、十月、十二月

正月 運勢（國曆2/4～3/4）

三陽開泰，新春喜洋洋。只因為三大吉星照拂，這是個大利規劃一整年好運勢行事曆的時段。雖然「六害星」干擾，不過把居家氣氛經營好，多採用紅色系列布置，讓「好的開始，就是成功的全部」成為這一年的事實。事業好運勢，也有機會從本月開始出發。

二月 運勢（國曆3/5～4/3）

「歲德合吉星」照拂，諸事皆宜。雖然月令磁場的好並不明顯，不過卻出現了無心插柳柳成蔭的氛圍，這是個值得為事業謀取更多機會的流月。換個角度思考現有狀態，容易得到不同的思維與策略，只要有機會都值得嘗試。女士們宜謹慎面對情愛事務。

三月 運勢（國曆4/4～5/4）

歲煞之月，同時也是本命三煞之月，諸事不宜。雖然農民曆與擇日學中以「大利嫁娶」記載之，不過為了幸福的未來，婚姻、搬家、入宅與修造等重要事務，還是避之為宜。不過財利運勢卻十分理想，投資求財高出低進有利可圖。情愛運勢女優於男。

四月 運勢（國曆5/5～6/4）

本命之月，有一股重疊的磁場，代表的是芒刺在背，重要事務還是避開本月為宜。本月不利嫁娶，情愛運勢也不理想，敏感事務不宜處理。「歲合星」職月，代表貴人明顯，因此本月適宜廣結善緣，積累人脈。劫財星氣勢明顯，謹慎理財為宜。

五月 運勢（國曆6/5～7/5）

人緣磁場活躍的本月，上月的廣結善緣本月應有收穫，而人脈開運策略也值得持續執行。由於月犯「流霞」，宜提防血光之災，捲起袖子，捐出鮮血，既可化災，亦可救人。本月不利嫁娶，卻適宜購屋置產，因為大利成家立業。

六月 運勢（國曆7/6～8/6）

歲破之月，諸事不宜。雖然是大環境的磁場，不過還是需要規避，尤其是人際關係的互動，謹言慎行，合作的洽商愈仔細愈好。本月不宜探病弔唁，勢在必行，請隨身攜帶一包海鹽，事後丟棄即可。劫財星虎視眈眈，宜避免歡喜劫財。

七月 運勢（國曆8/7～9/6）

七月鬼故事特別多，對於好兄弟尊敬就好，傳統祭祀尊重就好。對於蛇族而言，這是個吉利的「六合月」，尤其是「天降甘露」的現

象，本月雖諸事皆宜，不過婚姻嫁娶還是避之為宜。男士們宜謹慎面對情愛事務。投資求財，宜逢高調節納財為先。

八月 運勢（國曆9/7～10/7）

團圓的季節，三合吉星照拂，再加上「將星」獨具，本月諸事皆宜。事業運勢尤其順遂，貴人明顯，大利廣結善緣，職場培訓，學習與聚會宜積極參加。「財利吉星」氣勢明顯，投資求財有利可圖。男士們情愛運勢超佳，猶豫只會錯失良機。

九月 運勢（國曆10/8～11/6）

雖然出現「小耗星」身影，代表宜謹慎理財，尤其宜避免因小失大。本月大利嫁娶，只因為「紅鸞吉星」與「月德吉星」併臨，這是個值得祝福的月份。不過值得提醒的是事業方面的事務，宜以事緩則圓的方式面對，欲速則不達。

十月 運勢（國曆11/7～12/6）

六沖之月，諸事不宜。正逢「太歲驛馬星」發動，本月事務不宜輕舉妄動，以靜制動的策略值得參考，出遠門也宜多考慮。溫馨提醒，疲勞千萬不要駕駛，交通安全宜多費心思。謹言慎行，也是本月功課，為的是避免「說者無心，聽者有意」。

十一月 運勢（國曆12/7～1/4）

雖然出現了諸多吉星的身影，不過還是不利嫁娶。「龍德吉星」照拂，本月運勢頗為理想，「太歲文昌星」主事，這是個事業運勢有機會運籌帷幄的月份，做該做的事，勇敢承接不可能任務。雖然如此，本月不利嫁娶。健康星不佳，宜留意天候變化。

十二月 運勢（國曆1/5～2/3）

太歲之月，重要吉事避開為宜。「墓庫星」當道，歲末年終，最為理想的趨吉避凶就是收心準備過年。不過由於財利運勢頗佳，因此商務買賣與業務行銷都值得努力賺取紅包過年。男士們情愛運勢佳，時機成熟就娶入門過個好年。

註：農曆正月以立春開始計算，括號內國曆交接以節氣時辰界分。

結識重要貴人，用對方法效果加乘

我沒有釣魚，我只是將最好的餌放下去！與其追逐一匹馬，不如用追馬的時間種植草原，春暖花開會有更多的馬來吃草……，這是個需要智慧與策略的流年。

📅 流年運勢

有一種美，叫做距離；有一種可惜，也叫做距離。對於馬人來說，此種流年意境值得仔細想想。

對於馬人來說，這是個絕對需要全面布局策略的流年，只因為有一種不協調的磁場出現在太歲氣數中，就是此種磁場讓馬人在2021年容易陷入愈追愈遠的窘況中，而比較令人擔憂的是，對於此種窘況馬人們並不容易察覺。而造成此種窘況的就是「六害星」，雖然「六害星」不是神煞，也不是什麼星曜，而是一種「卡卡」的磁場的代名詞，不過卻是造成辛苦不易達標的元兇。

從太歲五行氣數角度觀察，對於馬人而言這是個「偏財星」氣勢

幸運顏色	幸運數字	吉利方位
芥末綠、咖啡色、朱紅色	8、3、9、5 及其組合	正東方、正南方和東北方

明顯的流年，代表容易出現機會，同時也象徵努力的目標十分明顯。換言之，這是個值得努力的流年，也容易激起馬人們這一年的鬥志。不過有一句話值得仔細醒悟，那就是「想要成功就一定要努力，不過努力卻不一定就能成功」，雖然這句話的主要重點在於「須要用對方法與正確的方向」，不過對於馬人們的2021年運勢而言，最需要化解的是「六害星」的干擾。

　　「六害星」的「害」不一定是「傷害」，不過肯定會是「妨礙」。功虧一簣，事倍功半，都是「六害星」妨礙的範疇。這個時候馬人們需要的化解之道是「規劃」，正所謂「按圖施工，保證成功」，就是此種意境。除此之外，馬人們需要「安太歲」以便利用「龍德吉星」與「紫薇吉星」化解「三煞星」的厄勢力。另外，在現實生活中積極廣結善緣，組建可以成為靠山的貴人群，則「化煞為權」的效果將會更加實際。

💼 事業運勢

　　放下，是件不容易的事，尤其是放下身段，放下既有的成就再次拼搏。時代在變，市場也經過了疫情的蹂躪，這是「山已經轉了，路非轉不可」的年代，再加上2021年馬人的「事業星」也出現變化，到了該順勢轉變的時候，就從學會「放下」開始。

　　辛丑年是個沉悶的流年，馬人的「事業星」正巧在此沉悶的漩渦中，唯有掌握「驛馬星」動向，才有機會找到新商機。嚴格說起來，這樣的流年是不應該輕舉妄動的，不過卻又需要轉動以便產出生機，因此有意轉換跑道的馬人，這是個值得進行的流年。

　　對於企業馬人來說，最好先設妥可執行的目標，商務馬人則設妥

獲利目標，以及執行節奏與計畫，按部就班外，靈活檢視與調整做出最好的「餌」，無須釣魚就有魚吃。

財利運勢

「偏財星」氣勢明顯，這是個有利可圖的流年。雖然因為太歲氣勢而出現牽絆的現象，不過細水長流比起財來財去要強多了。不因大利而妄為，也不因小利而不為。由小而大，是2021年馬人們的理財觀，股本小、重複性強的標的值得關注，例如民生、食品、居家防疫概念標的。

不過值得一提的是，雖然「偏財星」明顯，重複再投資的現象也十分活絡，然而由於缺乏存下錢的財庫，因此有兩種標的值得用心，一是房地產與營建類股，其次是債券型標的與定期定額方式。

企業馬人對於公司的現金流宜多一份心思，和銀行的往來不應該等到需要的時候才開始進行。一般馬人，宜在家中和辦公室東北方擺放聚寶盆。

情緣運勢

見好便收，這種說法通常會用在投資商場上，對於2021年馬人的情愛運勢而言，卻也適用。此種現象尤以男士們為甚，「正緣星」高掛，雖然需要努力才能成就姻緣，不過這是個有機會修成正果的流年，加油吧！

「太歲桃花星」是馬人辛丑牛年的流年代表，代表人際關係磁場是活絡的，廣結善緣是旺運的必須策略，積累貴人籌碼有機會再旺個

三年。不過這顆桃花星卻不利於女士們情愛運勢，由於「偏緣星」主事，再加上具有空轉的現象，因此宜謹慎提防白忙一場的結果。

　　值得提醒的是，男士們宜關心另一半的健康，尤其是循環系統方面的問題。不論男女馬人，都有必要為自己構築個幸福的巢，幸福磁場提升了，好情緣自然容易出現。

開運風水

　　「安太歲」是為了保平安，為了化煞為權，可以將「六害星」與「三煞星」轉化為流年運勢的助力星。

　　「三煞星」是凶星，轉化得宜卻也是爆發力強大的星曜。馬人們在住家和辦公室的太歲方（東北方）擺放一對「黑曜石貔貅」，既可化煞為權，又可達到「五鬼運財」的神奇效應。

　　「六害星」雖然不吉利，轉化得宜容易成為馬人的「關鍵貴人星」。請在住家和辦公室的正北方，擺放「陰陽水」+「粗海鹽」，既可化解流年「病符煞」，讓家人健康平安，亦可讓汗水與財富成正比發展。

　　「木」是轉化負能量的五行元素，因此綠色是幸運吉利色系，隨身配戴兔子或葉子造型珮飾，材質以木頭或虎眼石為佳。

流年貴人方位：正東方、正南方和東北方。
流年貴人生肖：兔子、老虎、馬和蛇。

屬馬各年次流年運勢

2002 年的馬（民國91年，壬午年，20歲）

專業只能讓你求生存，人脈才能使你脫穎而出。如何積極經營人脈，是2002年馬人們的流年功課，雖然年輕就是本錢，不過不應該揮霍本錢。

人脈需要向上鏈結，年紀和成就是鏈結的條件，以學習的心態，聆聽的方式，讓自己奮鬥的時間與路途可以縮短。安排第二、三專長的學習機會，現代的人非斜即槓，一套本領容易吃悶虧。情緣方面，稍安勿躁。財利運勢，宜謹慎理財，劫財星暗中虎視眈眈。

1990 年的馬（民國79年，庚午年，32歲）

單打獨鬥不如團隊合作。的確！這是個打群架的年代，區塊鏈指的是不同產業的異業結盟，彼此釋放資源鏈結合作，創造迎接世界驟變之後的轉型商機。

人際關係的維繫需要修煉，然而不應該為了維繫而創造出「理所當然」的朋友，有天停止付出的馬人就會成為大罪人。情愛方面，男士們宜提防誤踩禁區地雷。女士們，還是將焦點放在自我成長上為宜。財利方面，宜謹慎理財，誰說朋友一定要有通財之義？

1978 年的馬（民國67年，戊午年，44歲）

有想法，就該有做法。這是個點子活絡的流年，只因為太歲星就是馬人們的「文昌星」，不過在付出行動的時候，有必要先設妥停損

與停利的條件，不只是投資求財，事業運作也是如此。

太歲星是馬人們的財源渠道，然而由於池庫的建設並不理想，因此這一年的運勢重點，不在於如何開拓，而是如何收納入庫。有意思的是，人脈經營也是如此，不需要如過江之鯽，但要可以彼此相互協持。

情緣方面，男士們較為理想，而另一半就是財富貴人，不過要強化養生保健適宜。事業方面，有必要走出既有的領域，接觸不一樣的人事物，視野寬了，事業版圖擴張了。

1966 年的馬（民國55年，丙午年，56歲）

危機就是轉機。用這句話開始，並不代表這是個危機年，而是想提醒馬人不要忽略隱藏性的危機與機會。

首先要留意的是健康方面的調理，綠色是轉化元素，因此宜多接觸大自然，建議隨身攜帶葉子造型飾物，材質以木頭或虎眼石為佳。家庭布局宜多用心思，家和萬事興。財利運勢佳，投資求財需要紀律，就線論線才是贏家策略。情愛方面，男士們宜多關心另一半的健康，女士們宜謹慎面對情緣。

1954 年的馬（民國43年，甲午年，68歲）

事業運勢雖然理想，不過該逐步放下的時候，衝過頭反而違反了生活原則，這個流年事業的質比量重要多了。健康依舊是最需要呵護的選項，就從舒適的居家布局開始，充滿歡樂聲的家是最有利健康的住所。休閒活動可讓養生效果更到位。財富方面，儲蓄型標的或投資策略值得參考。情緣方面，女士們宜留意另一半的健康，最需要避免的是交通安全和摔跤。

屬馬流月運勢

宜謹慎面對的月份：三月、五月、六月、十一月和十二月

正月 運勢（國曆2/4～3/4）

恭賀新春，新年新希望。尤其是本命「三合吉星」照拂，以及太歲「紅鸞吉星」加持的本月，大利情緣開拓事宜。家庭運勢頗為吉利，家人團聚一起布局旺運好風水，讓全家成員順心如意。貴人明顯，事業布局也宜適時展開，就從向貴人拜年開始。

二月 運勢（國曆3/5～4/3）

桃花舞春風，再加上「歲德吉星」與四大吉星照拂，這是一年中最為幸運的月份。勇敢許願，因為幸運之神聽得見。成家立業的磁場強大，有機會修成正果的愛情，就別猶豫了。財利運勢氣勢明顯，家庭運勢又理想，這是購屋置產的利多訊息，宜掌握。

三月 運勢（國曆4/4～5/4）

太歲「三煞月」，諸事不宜。對於女性馬人而言，情緣能量十分正向，雖然「寡宿星」主事，不過值得交往的朋友就不該錯失。職場運勢亦佳，再加上貴人星明顯，即便默默耕耘也容易獲得肯定。健康磁場值得提醒，壓力需要舒緩，從充分休息開始。

四月 運勢 （國曆5/5～6/4）

雖然是「歲合星」職事的月份，不過本月還是不利嫁娶。由於官訟是非磁場十分濃厚，攸關法律的簽約用印，還是委請專家陪同為宜。謹言慎行是本月的必修功課，不過職場上的借力使力能量，卻值得善加運用。情緣方面，男女都宜謹慎避免誤踩地雷。

五月 運勢 （國曆6/5～7/5）

本命之月，宜謹慎用事，婚姻嫁娶避之為宜。由於「歲害星」值月，再加上又具有大好大壞的特質，重要吉事宜避開，重大抉擇也稍安勿躁為宜。即便如此，由於「將星」當家作主，職場事務還是需要展現氣勢，可合作，但宜設妥遊戲規則。

六月 運勢 （國曆7/6～8/6）

歲破之月，諸事不宜。由於是馬人的本命「六合吉星」照拂月，根據傳統記載本月依舊大利嫁娶，不過在追求百分百幸福的原則下，陶文老師的建議還是避之為宜。先登記無妨。家庭運勢頗佳，建議來個年中大掃除迎接下半年好風水磁場。

七月 運勢 （國曆8/7～9/6）

傳統的七月，需要敬畏的心。本命「驛馬星」主事，宜留意交通安全事宜，疲勞一定不要駕駛。男女馬人都需要謹慎面對愛情事務，

不是你的菜，就別掀那個蓋。劫財星當道，謹慎理財的同時，也需要學會拒絕錢財支借的要求。

八月 運勢（國曆9/7～10/7）

歡喜團圓月，除了月娘的祝福外，「歲祿吉星」與「紅鸞吉星」都釋放祝福的能量，這是個喜悅的月份。愛情的表白，婚姻的更甜美，家庭的好運勢，都值得努力營造。值得提醒的是，八月十五日晚上宜祭拜「龍德星君」，就在自家陽台或院子。

九月 運勢（國曆10/8～11/6）

行動力強大的本月，職場機會宜勇敢爭取，當仁不讓，據理力爭就對了。即便「五鬼星」值月也是如此，有禮貌，不客氣。因為不要辜負本命「三合星」所提供的展現才華的機會。不過健康方面值得提醒，留意水分的補充，別過度勞累。

十月 運勢（國曆11/7～12/6）

雖然是本命「月德吉星」照拂之月，不過還是不利嫁娶。本月不宜輕舉妄動，即便萬事具備也不輕易離職轉換跑道，避開每況愈下魔咒。不過對於女性馬人來說，本月情緣運勢頗佳，正緣星既正又美宜掌握。事業出發有利，但循序漸進為佳。

十一月 運勢（國曆12/7～1/4）

本命「六沖月」，諸事不宜，嫁娶之事更應避開本月。雖然也是「太歲六合月」，不過由於磁場並不穩定，對於馬人來說職場事業的異動不應該發生，開張開市之舉稍安勿躁為宜。家庭是轉化衝剋磁場最佳的處所，因此提前年終整理之舉，值得參考。

十二月 運勢（國曆1/5～2/3）

太歲之月，本來就諸事不宜，再加上又是本命「三煞月」，重要吉事還是莫鐵齒地另擇他月為宜。歲末年終，以喜悅的心情準備過年，事務收尾極為重要，本月的謹慎容易為新春後的「起大運」息息相關。男士們的情緣運勢頗佳，勇敢就有機會過個幸福年。

註：農曆正月以立春開始計算，括號內國曆交接以節氣時辰界分。

太歲相沖下，擁有「蛻變」能量的一年

沖太歲很可怕嗎？如果沖太歲就像一把鑰匙，將箝制的磁場向開鎖一般衝開，沖太歲還會可怕嗎？這是個轉運與蛻變的好流年，羊族們知道如何掌握與運作嗎？

📅 流年運勢

太歲可座，不可向。「向太歲」就是「沖太歲」，「沖太歲」就是「歲破」。

「沖太歲」就是和當年「太歲星」對峙，就以2021年辛丑太歲來說，太歲星是「丑辰次」，而羊是「未辰次」，這是一種處於180度的對峙，也就是「丑未對沖」。「太歲」是不可冒犯的流年當家神祇，與之對沖自然是不尊敬，更是不吉利，這個時候的「安太歲」有一種拜碼頭買保險的概念，而這也是最直接的平安策略。

古書記載「太歲可座，不可向」，因此一直以來都認為向太歲的生肖是運氣最背的的生肖，諸事不宜是最基本的警告，婚姻嫁娶等重

幸運顏色	幸運數字	吉利方位
白色、金黃色、藍色、紫色	1、6、7、0及其組合	正西方、西北方、正北方

要吉事更是需要迴避。雖然以現代角度來說，有許多人並不信邪，不過對於需要接受到親友祝福的吉事來說，還是寧可信其有的好，畢竟婚姻嫁娶這件事，是兩個家族親朋好友重大喜事。

雖然如此，沖太歲也是一種人生轉變的機會點，就像現實生活中的「衝突溝通法」一樣，衝了就會產生動能，動了就有機會推展與轉變到想要的狀況。再加上，辛丑年的「歲破」是屬於「土星」的相衝，也是屬於「墓庫」式的相衝，而這樣的相衝就好像利用爆破的方式挖掘寶石一般，因此羊族們的「歲破」反而是吉利的。

在過去的一年過得不怎麼樣的羊族們，辛丑年是最好的轉運年。健康不理想的羊人，則有機會在這一年獲得磁場的調理，而找到健康方法、貴人與能量。而已然過得不錯的羊族們，也有機會在辛丑年的太歲相沖下，找到蛻變得更好的機會與能量。由此可知，辛丑牛年是羊族們生命中的關鍵轉運年。然而即便如此，該安的太歲還是要老老實實地安，畢竟有拜有保佑，也讓家人可以放心。

💼 事業運勢

衝動，衝了才會出現動能與機會。因此對於事業而言，這是個閒不下來的流年，因為機會不斷浮現，想法也層出不窮，對於企業羊族們而言，這是個轉型的大好年，產品轉型，經營策略轉型，事業觸角有機會以多元的方式延伸。

不過對於一般羊族們而言，恐怕就不適合輕易轉變，即便機會的確很多，不過缺乏穩固與長遠性的規劃，輕舉妄動的轉移恐怕只會是每況愈下。安排專業學習提升職場競爭力，讓自己進入無法被取代的狀態，以及進入斜槓的身份，羊族們將會是2021年的事業贏家。

值得提醒的是健康方面的呵護，因此開運元素中有金、有水，更需要搭配部份的火星，為的是補足元氣。

💰 財利運勢

劫財星是顆令人討厭的星曜，不過如果轉化得宜，化劫財為生財，劫財星反而成為了另一種財神，而這就是羊族們於2021年的財利運勢寫照。

歲破把土氣充鬆了，劫財星的氣息也鬆了，搭配了「金發水源」的風水布局，則這個財利運勢頗為理想的流年。只不過還是要提醒的是，由於「財庫星」氣勢不佳，因此存下錢就需要智慧與紀律了。

投資標的的選擇至為重要，定期定額是好方法，不過股債之間的比率，最好債7股3。逆向思考是選擇現股的策略，航運、生活食品、通訊……等概念股值得著墨。不過更為理想的，就是不動產的投資，那就是營建類股，甚至於直接購買屋宅。

💘 情緣運勢

歲破之年，不宜嫁娶。雖然有些八股，不過還是寧可信其有為宜，畢竟婚姻是一輩子一次的重大吉事。雖然此種「吐吐相衝」屬於雲開霧散的狀態，不過對於姻緣、情緣磁場並沒有加分，頂多只是男士們的辛勤容易獲得正向回報，女士們則還是建議聚焦在事業上的經營為佳。

對於是箭在弦上的新人來說，這一年可以先辦理登記，宴客佳期則定在明年為宜。已有伴侶的男士們宜多關心另一半的健康，關心是

最好的趨吉避凶；女士們則擁有最強的旺夫磁場，妳就是家中的定海神針。

　　值得溫馨提醒的是，女士們請關心自己的健康，安排健康檢查是必要的趨吉避凶。而捐血也是理想策略，一紅化九災，病符星需要被化解。

開運風水

　　不怕沖，就怕沖了之後不知道該如何動，因此擬定方向和方法至為重要。

　　既然「沖太歲」是一種轉變與蛻變的機會，那麼就有必要做好準備，有了引導式的規劃就容易出現水到渠成的結果。「土土相衝」是一種鬱結開啟的象徵，需要的疏導元素就是「金、水」，而太歲「辛金」的「歲祿星」，再加上「水」的元素，於是「金發水源」成為了羊族們的流年開運祕法，建議隨身攜帶「金魚」造型飾物，則「歲破」反而啟動了羊族們如魚得水的順遂流年，材質以水晶與金屬為佳。

　　羊族們本命五行屬土，面對土氣旺盛的牛年，金水是最強開運元素，其方位在正西方、西北方和正北方。金屬材質的金魚雕飾或白水金、鈦晶，最好擺放在住宅和辦公室的西北方。既旺事業，又旺財富。

流年貴人方位：正西方、西北方、正北方。
流年貴人生肖：雞、豬、猴子、老鼠。

屬羊各年次流年運勢

1991 年的羊（民國80年，辛未年，31歲）

人生本來就是豐富的，也是具有多樣性發展機會的多采多姿。對於91年羊族們而言，此種多元性的感覺在2021年最容易獲得體驗。就流行語言來說，那就是斜槓青年，斜槓人最大的本領就是把興趣變成職業，而這也是今年最容易發生的故事，值得珍惜。由此可知，這是個學習與成長能量超強的一年，行動力也十分旺盛，不過需要補強的就是目標了。

財運雖佳，但選對標的與買進的時間點，卻需要多花時間尋找。

1979 年的羊（民國68年，己未年，43歲）

有人說，理想和現實如魚與熊掌，很難兼得的。事實上，理想與現實不應該是二分法，對於79年羊族們的2021年而言，就是如此。雖然機會磁場頗為活絡，不過亦步亦趨的謹慎本質依舊存在，歲破激起了轉變思維的念頭，這是個有想法就該有做法的流年，因為極容易心想事成。男士們的情緣運勢佳，該行動的不宜猶豫；女士們則多愛自己一點，把家布置得更像溫暖的窩。投資求財，金融、電子、生技……等概念股是理想標的。

1967 年的羊（民國56年，丁未年，55歲）

健康雖然不會是一年半載的事，不過對於67年的羊族們而言，今年的保健與養生卻顯得格外重要。除了健康星氣勢不佳外，最重要的

是有許多放不下的現實，於是「斷、捨、離」成為了這一年必修的功課。改變習慣吧！尤其是影響健康的習慣，因為這是影響未來健康的關鍵年。「家」不只是遮風避雨，還有歇息與養精蓄銳，把磁場與氣氛調整好，整體運勢容易獲得圓滿的轉化。

1955 年的羊（民國44年，乙未年，67歲）

最需要趨吉避凶的生肖，恐怕是非1955年的羊族們莫屬，只因為這是個典型的「天剋地沖」年。不過不需要過於擔心的是，由於化解的方式極為簡單，因此只要正確運用，化煞為權的狀態下，反而容易營造人生的另一個高峰。

首先請務必實實在在地「安太歲」，其次妥善運用「化煞為權」的重要元素，那就是「水」。請在家中的西南方「本命位」擺放「陰陽水」，每兩週更換一次。而藍色是重要趨吉避凶色系，另外請隨身配戴與「水」有關的珮飾，例如金屬材質的「金魚」就是。

1943 年的羊（民國32年，癸未年，79歲）

太歲貴人氣場十分友善，這是個幸福而溫和的流年。由於家庭運勢頗佳，而健康運勢也獲得護持，羊族們需要的反而是多走出家門，接觸外界的人群、陽光與大自然。

生命本來就該浪費在美好的事務上，吃美食、賞風景，找機會多和三五好友談天說笑，偶而小酌一番，誰說享受生活和年齡有關！

只不過需要提醒的是，謹慎理財的部份，投資理財務必委請專家執行，自己來的結果不會太好受喔！

屬羊流月運勢

宜謹慎面對的月份：三月、六月、九月、十二月

正月 運勢（國曆2/4～3/4）

　　新春期間，喜氣洋洋。由於擁有「紫薇」和「龍德」兩大吉星照拂，這是個吉利的月份。人際關係磁場頗優，本月大利廣結善緣，就從勤快的拜年開始。女士們的正緣星氣勢佳，對的人就該有對的策略。不過對於婚姻嫁娶而言，本月還是避之為宜。

二月 運勢（國曆3/5～4/3）

　　三合吉星照拂的本月，再加上「歲德合吉星」照拂，桃花舞春風，對於一整年的計畫該開始進行的，不宜再有太多的猶豫。事業運勢佳，「將星」照拂，任何可能都不宜錯過，因為無心插柳柳成蔭的磁場十分旺盛。情緣方面，男士將會優於女士。

三月 運勢（國曆4/4～5/4）

　　歲煞星職事的本月，理論上諸事不宜，不過由於羊族們的本命「天德」、「福德」和「福星」照拂，這是個吉利的月份。即便如此，羊族們還是需要謹慎理財，只因為劫財星暗中虎視眈眈。謹言慎行也是本月重要修為，避免出現說者無心聽者有意的困擾。

四月 運勢（國曆5/5～6/4）

驛馬星發動，官貴星與權勢星同步活絡，事業上的出發與重大抉擇都適宜在本月進行。有意更換跑道的羊族們，儘管釋放出訊息，讓伯樂有機會找到千里馬。「歲合星」雖然照拂，不過卻伴隨著「官符星」，與法律有關的重要文件，還是委請專家檢視為宜。

五月 運勢（國曆6/5～7/5）

六合之月，諸事皆宜。太歲「月德吉星」和「桃花星」併臨，大環境的氣氛將會是熱絡的，這是個值得順勢而為的月份。首先最值得執行的就是廣結善緣之舉，其次就是購屋置產。另外把居家整理一番，也同樣具有提升好運勢的效果。

六月 運勢（國曆7/6～8/6）

本命之月，謹慎行事，只因為能量的重疊，重要的話說一次就好，第二次就會變了味道。不過貴人磁場依舊明顯，廣結善緣的策略依舊管用。值得提醒的是「歲破」，大環境磁場不佳，重要吉事還是以另擇他月為宜。女士們宜謹慎面對愛情事務。

七月 運勢（國曆8/7～9/6）

七月總是會出現許多的提醒，不論再怎麼鬼影幢幢都是善意，因此尊重即可。本月不利嫁娶。不過由於「歲德吉星」照拂，再加上

「財源吉星」使勁，這是個辛苦有成的月份。投資求財，有利可圖，低接是理想策略。家庭運勢頗優，購屋置產不應該因為七月而畏懼。

八月 運勢（國曆9/7～10/7）

「歲祿星」與本命「文昌星」共振的本月，自然是吉利非常。月圓人團圓，再加上貴人磁場明顯，本月最直接的旺運策略就是祝賀佳節。不過由於「五鬼星」值月，重要簽約之舉還是稍安勿躁為宜。家庭運勢依舊理想，中秋節除了家庭團聚外，晚上要祭祀「龍德星君」，讓家人更幸福。

九月 運勢（國曆10/8～11/6）

本命三煞月，再加上磁場並不協調，本月宜謹慎行事。劫財星也虎視眈眈，謹慎理財成為了必修課程。雖然如此，由於人緣磁場十分活絡，因此勤於參加朋友聚會，容易凝聚貴人籌碼。事業合作磁場頗為理想，人對了，遊戲規則明白了，掌握機會就對了。

十月 運勢（國曆11/7～12/6）

三合吉星和太歲驛馬星磁場交織的本月，這是個大利行動的月份。換個角度來說，心動就該行動，而有點子就該給予轉換成銀子的策略。財利運勢頗佳，投資求財以逢高調節為先。職場異動現象吉利而明顯，即便不想異動也需要調整一番心情。

十一月 運勢（國曆12/7～1/4）

雖然是「太歲文昌月」，不過由於「六害星」職事，對於事務的執行需要按部就班，以及按圖施工的思維，否則極容易功虧一簣。即便如此，本月依舊大利嫁娶。人緣桃花星氣勢明顯，廣結善緣積累貴人籌碼的功課不宜停歇。男士們情緣運勢頗佳。

十二月 運勢（國曆1/5～2/3）

年終歲破，靜下心就是為了準備過個好年。這是「太歲月」，也是本命「六沖月」，靜下心的確是羊族們值得參考的趨吉避凶。任何重要抉擇，都等到開春後再說。雖然本月的沖並不會危害羊族們的運勢，不過大環境磁場不佳，明哲保身才是贏家策略。

註：農曆正月以立春開始計算，括號內國曆交接以節氣時辰界分。

廣結善緣，豐富你的人脈存摺

如果生命可以重新開始，人生可以重新來過，猴子們會期望改變什麼？或者是想圓滿什麼？猴子們做好準備吧！2021年是個可以彙整能量重新出發的流年……

🗓️ 流年運勢

生命本來就該浪費在美好的事務上。好棒的一句話！

名鋼琴家魯賓斯坦說過一句話：「……人生是不能保存的，你一定要盡情享受它，沒有愛和不能享受人生，就沒有樂趣。」一個人來到這個世上是來享受的，人生是用來盡情享用的，美好的事務我們可以自己創造。一天過去了，明天又是嶄新的一天，新的事物，新的稀奇等著我們去探索。一年過去了，新的一年又要開始，猴子們要如何在2021年重新來過？這不是個問題，而是個溫馨的提醒，因為2021年的猴子們擁有得天獨厚的機會，太歲星賜予重新來過的能量圈。

仔細想想，如果生命可以重新開始，人生可以重新來過，猴子們

幸運顏色	幸運數字	吉利方位
綠色、藍色、白色	6、1、2、3 及其組合	正北方、正東方、西北方和西南方

會期望改變什麼？想圓滿什麼？或者是希望獲得什麼樣的成長？

　　第一件事應該是人脈的積累。只因為太歲星是猴子們的好朋友，代表這一年大利廣結善緣豐富人脈存摺內容。套用好萊塢流行的一句話：「一個人能否成功，不在於你知道什麼，而是在於你認識誰。」這也就是耳熟能詳的那句話「有關係就沒關係，沒關係就有關係」，這是個猴子們大利開創關係的流年，經過這一年猴子的人生將會很不一樣。

　　第二件事就是構築屬於自己的王國。太歲的「能量圈」的主要核心出現在猴子們的「家」，對於一般猴子而言代表的是大利成家立業。對於企業猴子來說，則是完善公司的企業文化和系統。而在設定流年目標之前，先問問自己為什麼，明白為什麼才容易有強大的動力。

　　太歲「能量圈」範疇如下：猴子～朋友（人際關係）～開創（事業、創業、轉型）～家（內心世界、家庭、事業核心價值）～猴子。

💼 事業運勢

　　生命的腳步從來沒有停歇過，而人生也持續不斷地成長，自己是否維持在進步的道路上，取決於是否隨時重新塑造自己。

　　猴子們的得天獨厚2021，是因為太歲星提供了「重新塑造」的機會與動能。首先，猴子們需要開始自我檢視，檢視目前的事業景況與未來的發展，通常這個時候需要自我抽離，從社會的角度自我觀察。仔細觀察，因為這是個可以重新打造事業價值的流年，不過先決條件是猴子們願意動，願意冒險。

　　經過2020年的疫情肆虐後的市場，「不選擇改變，就會被選擇改變」聰明的猴子選擇那一種？大膽地變、企業猴子轉型式的變、一般

猴子思維轉變，只要本領轉變，環境自然就會跟著轉變。

財利運勢

要說財運，其實猴子們2021年的財利運勢並不理想。不過如果要說賺錢，2021年卻是猴子們容易賺到錢，並且把錢積累下來的流年。這種說法並不矛盾，因為策略不同，結果就大不相同。

雖然猴子們的「財源吉星」就是「歲合星」，不過處於極度遭受干擾的狀態，猴子們想要讓「財源吉星」掙脫干擾發揮神力，最好的策略就是改變思維，轉變投資策略。例如主動出擊改變理財觀念，這就是經常聽到的「你不理財，財不理你」。

順向思考，逆向操作。2021年的股與債比率最好是4：6，投資標的則以穩健型為宜，例如營建、資產、塑化、原物料……等概念股。由於「土星」是財富積累的元素，因此房地產也值得關注。

情緣運勢

愛在心口難開。幸運的是，這只是一首歌的歌名，因為在現實生活中「愛在心，口要常開」。

常聽說「我對你的愛，你應該明白！」事實上不然，尤其是2021辛丑牛年，猴子們的愛是要說出口的。當然也不是輕浮的說說，誠摯的愛，誠摯的表達，將會獲得祝福。

就太歲氣數角度來說，這是個兩極化的流年。要嘛，就是要談個有結果的戀愛，要不然就把焦點擺放在事業經營上頭。已有伴侶的猴子，「家」很重要，布置幸福的家，為自己招來幸福，也為幸福招來

幸福。

　　有心提升行緣運勢的猴子們，綠色是男士們的情緣幸運色，隨身攜帶葉子造型珮飾，可望「開枝散葉」，尋獲連理枝。紅色則是女士們的情緣幸運色，以太陽造型珮飾為佳。

開運風水

　　驅動太歲「能量圈」運轉的主要五行元素是「木」，因此2021年的開運色系將會與綠色，以及生長激素超強的樹木與植物有關，建議隨身攜帶「葉子」造型的飾物，具有開枝散葉與興盛繁榮的意涵，材質以木頭和虎眼石為佳，衣服上的綠色圖案亦可。在屋宅和辦公室「正東方」，擺放綠色盆栽或百合花，具有提升財源吉星能量的神效。

　　讓命運「重新來過」的元素則是「水」，適宜在住宅和辦公室的「正北方」擺放金魚缸，如果可以的話建議飼養金魚，數目以一尾為佳，金魚造型珮飾也具有開運旺財富的效果，其材質最好的金屬（黃金或鍍金最為理想）。

流年貴人方位：正北方、正東方、西北方和西南方。
流年貴人生肖：老鼠、兔子、豬、蛇。

屬猴各年次流年運勢

1992 年的猴（民國81年，壬申年，30歲）

　　貴人磁場雖然明顯，不過人際關係的運作卻需要格外用心，只因為稍不留意就容易招惹平輩小人。學習長輩的心思，包容的策略，營造個向上翻揚的流年氣勢。向上鏈結，事業翻轉有成。事業出發或轉型，宜踏穩腳步再出發，並且有紀律地按圖索驥執行。由於「財源吉星」氣勢不佳，投資求財以老方法與熟悉的老標的為宜，新事業出發宜謹慎。情緣方面，則大利成家。

1980 年的猴（民國69年，庚申年，42歲）

　　生命的轉變是微妙的。轉個念頭，世界景觀隨即改變，即便是挫折也成為了成長的原動力，這是個值得努力的流年，因為太歲就是猴子們推波助瀾的最大推手。根據專家統計這是人類即將邁入最成熟的年齡，而太歲也扮演催熟的角色，該定下來了。事業如此，婚姻也會是如此。投資求財方面，宜以成長或轉變型為標的，委請專家幫忙是贏家策略。購屋置產，機會成熟就該動手。

1968 年的猴（民國57年，戊申年，54歲）

　　思緒活躍是猴子們的特質，而流年太歲又提供了明顯的行動能量，這是個典型的開創年。對於企業猴子而言，轉變、轉型是絕佳時機與策略，不過卻需要亦步亦趨的節奏。一般猴子們恐怕就不是這樣了，可以轉變，不過那是思維與學習方便的轉變，亦即腦內革命，事

業輕易變動恐怕會每況愈下。情緣運勢以男士為佳，另一半是絕佳財富貴人。女士們宜留意健康養生事宜。

1956 年的猴（民國45年，丙申年，66歲）

「歲德吉星」是猴子們太歲星所賦予的職稱，也代表猴子們將因為吉星頭銜而獲得尊榮，對於事業運勢的拓展具有神奇的助益。不過回歸實際面的角度觀察，發覺這一年的「利」反而強過於「名」，而事業上的轉型也有機會獲得如願以償的成效。就整體氣勢來說，「木星」是猴子們必備的順運元素，若再搭配「火星」則五行具備行運自然容易亨通。吉利顏色以綠色、紅色系列為佳。

1944 年的猴（民國33年，甲申年，78歲）

愈老愈有價值，就是此種意境，2021年是猴子們的尊榮年。許多事情無須強求，放得下就有機會拿得更高，這是一種無欲則剛的典型寫照。財利運勢雖然理想，不過還是需要避免別讓自己因為勞累，而影響健康。飲食的均衡是養生要件，溫補與蛋白質的食物需要多攝取，能吃就是福，而能夠玩更是福上加福。安排旅遊，無法出國就國內旅遊，青山綠水是另一種旺運元素。

屬猴流月運勢

宜謹慎面對的月份：正月、六月、七月、十月、十二月

正月 運勢（國曆2/4～3/4）

六沖之月，原來應該是諸事不宜的本月，卻因為新春的喜氣洋洋而順遂如意。本月不利嫁娶。大利拜拜祈福與祝賀新年，貴人星明顯，人脈可望獲得積累。財利運勢頗佳，逢低承接為宜。驛馬星發動，遠行之舉避之為宜。

二月 運勢（國曆3/5～4/3）

諸多吉星照拂的本月，諸事皆宜。「歲德合」吉星高掛，再加上「財利吉星」主事，本月投資求財有利可圖，商務買買與業務行銷更值得努力。男士猴子們的情緣運勢頗佳，本月大利婚嫁。合作的機會活絡，遊戲規則的簽訂不宜馬虎。

三月 運勢（國曆4/4～5/4）

歲煞之月，諸事不宜，這是大環境的現象。對於猴子而言，卻未必如此。「元辰星」高透的本月，再加上「文采星」飛揚，以及「歲祿合吉星」照拂，本月最大的順遂就是心想事成。付出善心，此種順遂氣勢將會更強，捐血是理想開運策略。

四月 運勢（國曆5/5～6/4）

　　六合之月，諸事皆宜。「文昌星」坐擁官祿的現象，讓猴子們的事業運勢出現無限可能式的發展，有意轉型或轉變跑道的猴子，本月大利展開行動。女士們情緣運勢頗佳，這是個容易獲得祝福的月份。貴人明顯，有助於猴子們的自我行銷。

五月 運勢（國曆6/5～7/5）

　　福氣星和官貴星併臨的本月，職場的努力極容易獲得肯定，積極承接機會猴子們想不紅都難。財利運勢方面，由於正偏財交替，高出低進策略值得參考。情緣方面，女士們宜謹慎，除非遇到了小鮮肉。男士們的愛人就是貴人，值得給予更多的尊寵。

六月 運勢（國曆7/6～8/6）

　　歲破之月，又遇到了「本命三煞星」，本月諸事不宜。本月不利嫁娶。即便如此，對於男士們而言，卻是「正緣星」明顯的月份，理想對象出現了就該積極珍惜。「正財星」氣勢頗佳，事業核心價值容易獲得認同，本月值得為事業打拼。

七月 運勢（國曆8/7～9/6）

　　傳統七月，民俗規矩特別多，由於同時也是猴子們的「本命月」，因此本月除了拜拜祈福之外，其餘重要吉事還是以另擇他月為宜。

雖然「紅鸞吉星」出現了，不過女士們還是有必要提防誤踩地雷。事業合作的跡象十分清晰，遊戲規則定妥了，借力使力就開始了。

八月 運勢（國曆9/7～10/7）

月圓人團圓，這是個圓滿如意的月份，本月大利嫁娶。人緣磁場也十分理想，本月亦大利廣結善緣，就從祝賀佳節開始。官貴星旺事業，禮多人不怪的時候不表態，更待何時。不過女士們宜謹慎面對情愛運勢。中秋節除了布開運風水局外，下半年的事業規劃也值得啟動。

九月 運勢（國曆10/8～11/6）

許多時候停下腳步並不是為了休息，而是為了調整節奏與方向。這就是個值得猴子們靜下心，停下腳步調整後再出發的月份。家庭運勢格外理想，搬家、入宅與修造不在話下，購屋置產更是值得進行。男士們的成家之月，有對象的則珍惜另一半，因為她們是財祿貴人。

十月 運勢（國曆11/7～12/6）

太歲驛馬星職事，正巧遇到了猴子們的「本命文昌星」，對於業務行銷與海外貿易猴子而言，這是個大利拓展生意的月份。不過值得提醒的是「六害星」的厄勢力必須規避，而較為理想的規避策略就是步步為營。合作立盟宜謹慎用印。

十一月 運勢（國曆12/7～1/4）

「三合吉星」與「將星」併臨的本月，諸事皆宜。雖然事業運勢因此可望順遂如意，不過借力使力的策略才是真正提旺運勢的好策略。三合、將星主事，再加上創作星助威，事業的出發與轉變都值得進行。投資求財，低接不追逐，有利可圖。

十二月 運勢（國曆1/5～2/3）

歲末年終，收斂心情過好年。太歲之月，謹慎行事，本月不利嫁娶。對於猴子而言，不論本月磁場如何，都要積極調整心情磁場，為了過年後的「歲破生肖」尋求解決之道。健康方面磁場不佳，不宜忽略壓力的可怕。安排新春家族旅遊事宜，開運地點是陽光普照的地方。

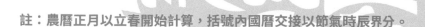

註：農曆正月以立春開始計算，括號內國曆交接以節氣時辰界分。

聚焦式的行動，讓你美夢成真

匠心獨具的流年，是什麼概念的流年？是心想事成嗎？還是辛苦有成？事實上，不論哪一種只要雞族們願意聚焦，就有機會美夢成真，那是因為太歲星提供了……

📅 流年運勢

　　心想事成，是一種希望，也可以說是一種幻想，不過如果可以用更具體的方式想像、規劃，並且付諸行動落實，則心想事成也就成為美夢成真的開始。

　　這是個十分獨特的流年，對於雞族們而言，十分尷尬。因為既是「歲祿星」的身份，同時也是「將星」的代表，不過整體流年氣勢卻像被關進了堅固的囹圄中一般。此種辛丑牛年的太歲特質是沉悶的，是謹慎的，以傳統命理學術角度來說，也就是所謂的「墓庫之年」。

　　需要解釋的是，「墓庫」不代表進入墳墓，而是一種被包覆的感覺，這個時候需要的是開啟「墓庫」大門的元素，一旦「墓庫」開啟

幸運顏色	幸運數字	吉利方位
橄欖綠、 湖水藍、橙色	6、1、7、9 及其組合	東北方、正北方、 西北方、正西方

了，美麗和精彩才有機會綻放。好有一比，就像一直生活在活人墓中的小龍女，如果沒有楊過的闖入，恐怕終其一生還是活人墓中的剩女。

而開啟「墓庫」大門的鑰匙，卻又是「歲祿星」和「將星」，有意思吧！

「歲祿星」是太歲專祿之氣匯聚的代表，換言之不但是太歲星的代言人，並且還享有比太歲還尊貴的尊貴。古書記載「人逢祿星，精神異常，厄煞不侵，出入近貴，逢凶化吉」，更何況是「歲祿星」為善作福，雞族們要發啦！此處所說之「精神異常」指的是神清氣爽，行動力強，成功機率更是強大。「將星」說的則是有擔當，有作為，不但大利事業的發展，更大利自我命格的提升。

「歲祿星」的專氣和「將星」的貴氣，都需要聚焦式的行動力，否則還是容易遭到「墓庫星」的包覆。換言之，希望心想事成，除了想，還需要行動，並且是聚焦式的行動。

大膽向幸運之神許下願望，雞族們將擁有個匠心獨具，美夢成真的好流年。

💼 事業運勢

「將星」是貴氣的象徵，代表的是有機會擔當重任，亦即許多人期盼的「升職」。換個角度來說，也就是在職場領域中的自我提升。說起「將星」，不是每個生肖都有機會擔任，也不是每一年都有機會擁有，因此值得雞族們榮耀，並且大膽布局與規劃事業版圖。能量俱足，展開行動。能量不足，則安排學習或合作借力使力。

對於有意轉換跑道或改變事業型態的雞族們，這是個理想的行動年。企業雞族們，提升企業形象與競爭力有必要順勢為之。有想法，

就該給予大膽的做法，因為「歲祿星」還在一旁釋放太歲專氣，只要雞族們願意，這就是個辛苦有成的流年。

 ## 財利運勢

名利雙收是期待中的期待，只不過對於雞族們的2021年而言，恐怕就未盡如人意。由於財利星的五行元素並不明顯，這是個需要努力或換個方式努力的流年。「寧可曲中求，不向直中取」，說的就是這個意境，直接追逐財利事倍功半，不如先求名再求利。企業宜打量名號，一般人宜提升競爭力，這是一種開啟溝渠的概念。

投資求財標的宜慎選，具有市場未來性的公司值得關注。股價小，富有市場競爭力的標的值得投資。另外，通路、航運、網通、電信……等概念股，都是雞族們值得投資的財利標的。

整體而言，財利以春天為佳，正向運作；夏天次之，逢高宜調節納財；秋天不是投資天，妥善管理籌碼為宜；冬天逢低布局，待春暖花開好收成。

情緣運勢

「華蓋星」主事的流年，雞族們容易將生活焦點擺放在事業或個人的成長領域，因而忽略了情緣場域的經營。對於已有伴侶的雞族們而言，恐怕需要隨時提醒自己，事業要顧，家庭愛情也需要兼顧。單身適婚也想婚的雞族們，則有必要勤快地參加朋友聚會，以便提升情愛運勢的能量和美好邂逅的機率。其餘雞族們則請持續專注在自我成長的部份，想要心想事成也需要本領搭配，就從學習開始。

另外，「家」是2021年開運重點，布局個溫暖的家或購買屬於自己的家，都是今年值得進行的旺運策略。請在屋宅和辦公室的正南方插一盆百合花，一束五枝最為吉利，招引情緣和人緣桃花。

開運風水

　　匠心獨具的流年特質中，事業容易因為努力而有成就，命格也有機會獲得提升。不過由於整體太歲氣數中缺乏「木星」的氣息，「水星」能量也需要加強，對於雞族們而言，這是辛苦有成中金錢收穫的象徵。藍色和綠色是「水星」和「木星」代表色系，衣服配件用之大吉。隨身攜帶植物相關的圖騰或葉子造型珮飾，以及與水有關的圖騰與金魚造型的飾物，更容易開啟「墓庫」，讓整體運氣順暢運行。

　　可以在屋宅和辦公室的東北方，亦即太歲方，懸掛「如魚得水」或「九魚圖」，讓「吉慶星」有機會放大吉祥、豐收、喜慶和歡樂的吉利徵兆。

流年貴人方位：東北方、正北方、西北方、正西方。
流年貴人生肖：雞、老鼠、豬、老虎、猴子。

屬雞各年次流年運勢

1993 年的雞（民國82年，癸酉年，29歲）

健康是最大的財富，雖然是老生常談，不過從雞族們的健康星並不理想看來，健康養生將會是今年的重要功課，就從安排時間運動開始。

貴人磁場十分明顯，容易得到長輩貴人的提攜，雖然成就是靠自己的本事，不過少奮鬥10年的機會也不宜輕易放過。

「歲祿星」祝福的流年，該穩定下來的情緣就別再拖延。財利氣勢雖然不明顯，不過儲蓄型的標的，以及在專業領域的努力，依舊有機會積累財富。

1981 年的雞（民國70年，辛酉年，41歲）

既是「歲祿星」，同時也和太歲星稱兄道弟，雞族們應該是族群中運勢最為旺盛的成員。

主動出擊是經營事業運勢的理想策略，社會在變，市場也在變，雞族們的轉型勢在必行，正所謂「不選擇改變，就會被選擇改變」，與其被改變，不如自己主導改變趨勢。

人緣磁場頗佳，大利廣結善緣，目標以陌生族群為首選，也可以尋求不同領域的專業人士，架構異業結盟的機會。投資求財，以低接為主，買對了，比賣對了強。

1969 年的雞（民國58年，己酉年，53歲）

本命「文昌星」與「歲祿吉星」結合的結果，自然是雄心壯志與

企圖心能量滿載，起手勢已經完備就等待時機準備大幹一場。在經過一場驟變之後的市場，此種雄心壯志是被需要的，因此有任何想法，只要計畫周全就該動手執行，因為容易造就匠心獨具的成就。

在智慧生財的狀態下，財利運勢自然理想，不過還是需要妥善管理現金流的部份。情愛部份，男士們較為理想，不過宜留意另一半的健康。

1957 年的雞（民國46年，丁酉年，65歲）

有想法，也有辦法的雞族們，在「歲祿星」與「將星」的加持下，極容易擁有個精彩的流年。不過需要提醒的是，由於太歲星「墓庫星」氣場的影響，雞族們的動力有必要繼續加強。

投資求財可以納財入庫，不過卻需要規劃入庫之後的再投資，否則極容易成為傷心的空手。情緣運勢到了該收斂的時候了，有愛就多愛一些，也可以為深愛的自己和家人構築甜蜜的窩。

1945 年的雞（民國34年，乙酉年，77歲）

養生是一門學問，能吃、能睡、能享樂，就是最好的養生。

由於健康星磁場不佳，雞族們的流年養生功課需要多做一些。就從多喝水開始，合乎自身健康方式的補充。從太歲五行氣數角度觀察，發覺「水」是雞族們的流年重要元素，運勢的開拓需要水，而「水星」又正好是雞族們的健康星。

另外就是充足的睡眠，以及愉悅心情的維持，旅遊、美食、老友和老伴則是營養補充劑。

屬雞流月運勢

宜謹慎面對的月份：二月、三月、七月、九月、十一月

正月 運勢（國曆2/4～3/4）

　　新春喜氣洋洋，恭賀新禧聲不絕於耳。人際關係磁場明顯，本月大利廣結善緣，就從祝賀新春開始。雖然新年就是要盡情歡樂，不過消費還是需要合乎預算，以免陷入歡喜劫財的窘況。事業貴人明顯，對於未來一年的規劃宜積極展開。

二月 運勢（國曆3/5～4/3）

　　六沖之月，諸事不宜。雖然「歲德合吉星」照拂，重要吉事還是避之為宜，嫁娶之事更是如此。劫財星氣勢頗盛，宜謹慎理財。親友借貸，量力而為。男士們宜關心另一半的健康。即便如此，對於事業的事務而言，還是適宜依照計畫進行。

三月 運勢（國曆4/4～5/4）

　　歲煞之月，諸事不宜，更是不利嫁娶。不過本月卻是雞族們的「六合月」，再加上又有「紫薇」、「龍德」兩大吉星併臨，因此整體運勢應該沒有那麼不堪。本月最適合整理思緒，春天即將過去，要準備如何迎接陽光普照，事業磁場活潑的夏天。

四月 運勢（國曆5/5～6/4）

　　三合吉星照拂的本月，加上「官祿星」高高掛起，再加上「歲合星」加持，本月最適宜為事業打拼。不論是新事業的出發，還是職場跑道的更換，都值得擇吉進行。女士們的情緣運勢頗優，正緣星明顯該來的就不要再猶豫與矜持。

五月 運勢（國曆6/5～7/5）

　　人緣桃花星氣勢活絡，本月大利廣結善緣，儲備貴人籌碼就在此時。同樣是「官祿星」如太陽一般照拂，不過比較傾向於「無心插柳柳成蔭」的境界，因此事業機會來了，承接就是了。男女雞族們都需要謹慎面對情緣事務，以免誤踩地雷受傷。

六月 運勢（國曆7/6～8/6）

　　歲破之月，諸事不宜。雖然是大環境現象，不過謹慎總是可以保平安。情緣運勢以男士為佳，正緣星氣勢十分理想，不過不宜操之過急。投資求財，有利可圖，逢高調節，積極換手。有意購買屋宅的雞族們，宜順勢進場賞屋，吉屋可望覓得。

七月 運勢（國曆8/7～9/6）

　　七月是鬼月，同時也是孝親月。從「歲德吉星」高高掛起看來，本月的吉祥磁場十分濃厚，尊重傳統拜拜祈福，未必就事事不可為。

不過值得提醒的是，健康的部份還是宜多費心思，捲起袖子捐出鮮血，一紅化九災。女士們宜謹慎面對情愛事務。

八月 運勢（國曆9/7～10/7）

雖然是月圓人團圓的季節，不過對於雞族們而言，月圓情緣未必圓，本月不利嫁娶。本命之月，本來就容易出現矛盾磁場，重要事務還是避開本月為宜。事業上的運作也是如此，人云亦云是忌諱，尤其大忌因人設事，合作事宜也需要謹慎進行。

九月 運勢（國曆10/8～11/6）

「六害星」職事的本月，諸事不宜。「太陽星」雖然高掛，而平安的氣息也格外濃郁，這是個大利整理家園，布局好風水的月份。購屋置產大事，也適宜進行。雖然出現了成家的氣息，不過還是不利嫁娶。投資求財宜以按圖索驥的方式執行，也就是所謂的「就線論線」。

十月 運勢（國曆11/7～12/6）

「驛馬星」與「文昌星」同時發動的本月，這是個宜積極出擊掌握住機會的月份。「水星」明顯，事業星也受到助益，機會是留給願意付諸行動的人。構築家庭的任務依舊值得繼續執行。男士們宜留意與異性互動的場合，嚴守分際十分重要。

十一月 運勢（國曆12/7～1/4）

太歲「文昌星」值月，又是「歲合星」主事的月份，按理說應該是吉利非常。不過由於「本命五鬼星」當道，謹慎是本月的行事態度，務實是化解之道。無須為現實和理想不同調，而感到困擾，只要學會尊重與聆聽，貴人的助益困擾容易迎刃而解。

十二月 運勢（國曆1/5～2/3）

太歲之月，也是歲末年終之期，本來應該是諸事不宜，不過在「本命三合星」的助益下，雞族們還是有機會一展長才。貴人氣勢也十分明顯，借力使力的策略本月值得多多運用。健康星氣場不佳，留意天候變化，探病之舉緩一緩為宜。

註：農曆正月以立春開始計算，括號內國曆交接以節氣時辰界分。

走出舒適圈，展現「現學現賣」的能量

人生就像一趟旅行，路上有酸甜苦辣，也有風雨和風景，最大的欣喜莫過於艱辛後的柳暗花明。2021辛丑牛年很特殊，特殊到讓人想來趟環遊世界……

📅 流年運勢

「驛馬星」和「文昌星」交織出美麗的圖案，那是一種如旅行中經過迷途之後，柳暗花明的美麗景象。狗族們的2021年十分特殊，特殊到讓人想來趟環遊世界……

辛丑土星當道的太歲，本命五行屬土的狗族們遇到了，乍看之下會感受到那種「土、土、土……」的壓力。不過有趣的是，辛丑年太歲的「辛金」化解所有的沉悶，於是「柳暗花明」的美麗景象出現了。

山不轉路轉；路不轉人轉；人不轉念轉。轉念即菩提，就是此種意境。不過要強調的是，此處所說得「轉念」並不是無奈的轉換，而是轉移焦點後的新氣象。

幸運顏色	幸運數字	吉利方位
白色、金黃色、藍色、黑色	1、6、7、2 及其組合	正西方、西北方、正北方、西南方

說個小故事，一位老師在偌大的白壁報紙上畫了個黑點，問學生們看到了什麼，學生都回答「黑點」。老師說「除了黑點，還有什麼？」原來，除了「黑點」還有一張很大張的「白壁報紙」。透過這個故事要告訴狗族們的是，2021年有兩個不協調的磁場，一個是「土星刑剋」，另一個是「本命三煞」。一般角度來說，看到這兩個「煞星」恐怕就會列舉出「化煞」的策略和法寶，而把最珍貴的「辛金」太歲天干給忽略。

換個角度看世界，容易看到世界不同角度的美。狗族們的2021辛丑牛年是美麗的，只不過需要走出家門，走出習慣的領域，掌握住「驛馬星」的節奏，再使用「文昌星」的智慧，運用「土星」的底蘊，創造出紮紮實實的特殊，而此種「特殊」將會延續到2022壬寅虎年。

「文昌星」代表的是學習，對於狗族們而言，這是一種可以「現學現賣」的能量，因此未必要嚴肅到「活到老，學到老」，即便是一場輕鬆的聊天都有機會讓狗族們有所領悟。

💼 事業運勢

天底下唯一不變的，就是變。而生命的意義也在於變，每一次的蛻變都會更豐富，事業也是如此，經過疫情之後的世界，早已經變了又變。2021年是狗族們不容易出現變化的流年，只因為土星當道。事實上，換個角度來說，這才是需要大力轉變的時刻，因為唯有「變」才能轉化土星的瘀阻。

學習是轉變最好的原動力，市場就是最好的老師，企業狗族們順勢也順市。一般狗族們需要練就好功夫就趁現在，斜槓人是一種趨勢，就從有興趣的事情開始，一點一滴累積經驗。對於有意轉變跑道

的狗族們，也值得展開行動，只不過最好是成功的轉移，而不是落跑式的退縮。

 財利運勢

「劫財星」暗中虎視眈眈的2021年，謹慎理財是必須的認知。只不過，謹慎不是要啥事都不做，而是有規劃、有紀律地執行，股市投資求財就是如此。設妥區間，確實執行，該賣該買依照計畫行事。

狗族們的「驛馬星」就是「偏財源吉星」，可見得狗族們的財利在遠方，因此航運是理想標的，而宅經濟也依舊值得關注，通訊、雲端、車用電子與蘋果相關概念股是財富標的。商務買賣的企業狗族們，宜開發新商品，走在市場的前端。

整體而言，財利運勢以秋天最為理想，冬天收成。春天不宜輕舉妄動，以免賺到了名氣，而沒了財氣。夏日炎炎是狗族們布局的好時節。

情緣運勢

有一種安穩的訊息出現在太歲五行氣數中，對於狗族們而言這是一種成家的概念，為自己構築幸福窩的意念容易被提升，對於有意購買屋宅的狗族們而言，這是個理想的購屋年，既可獲得好風水吉宅，亦可因而積累財富。對於經過一番長跑的狗族們來說，這也是個值得進入家庭的好流年。

單身適婚也有意結婚的狗狗們，走出習慣的生活領域，接觸不一樣的人脈，除了開運，還有機會開啟姻緣。不過要提醒男士們的是，

在旅途中所認識的對象，有必要仔細檢視其背景，而已經有伴侶的男士，則宜多關心另一半的健康。

　　女士們多愛自己才是王道，給自己學習成長的機會，女性來到這個世界本來就是來享受的。

開運風水

　　「驛馬星」與「文昌星」的五行屬金，因此白色、金黃色是狗族們2021辛丑牛年的開運色系。金發水源，金生水起，對於狗族們而言，如果再加上「水星」的輔佐，則除了開創出好運氣之外，同時也可以凝聚豐碩的財富能量，因此藍色也是幸運色系。就從隨身配戴「金魚」開始，材質自然是以金屬最為理想，金水相生，富貴有餘，就是此種意境。

　　屋宅和辦公室「東北方」懸掛「九魚圖」，以及在「西南方」擺放「陰陽水」，再於客廳或辦公桌上擺放「躍馬中原」造型雕飾。則一種「驛馬」與「文昌」的大結合完成了，則「祿馬貴人」的能量也將因而獲得啟動。

吉利方位：正西方、西北方、正北方、西南方。
貴人生肖：猴子、豬、老虎、老鼠。

屬狗各年次流年運勢

1994 年的狗（民國83年，甲戌年，28歲）

生命充滿著無限可能，事業也是如此。當機會出現了，先承接再說，因為機會往往不是留給準備好的人，而是願意及時承接的人。事情也不是一天就變好，而是承接後再慢慢變好。女士們的情緣運勢宜謹慎，多觀察是對的，不過甜蜜的窩還是需要事先準備，尤其是男士。

1982 年的狗（民國71年，壬戌年，40歲）

貴人磁場出現，幸運之神也降臨，這是個幸運的流年。對自己好一點，讓自己有舒緩的機會與時間，因為接下來的明年（2022）將會讓狗族們忙到翻。這一年最為理想的策略就是調整，做好起飛的準備。這其中尤以人脈的儲存為最。

1970 年的狗（民國59年，庚戌年，52歲）

合作借力使力一直以來都是職場上的好策略，不過對於今年的狗族們而言，就需要謹慎選擇合作對象了。山不轉路轉。任何事情的發生都是最好的發生，只不過別急著接招與轉變。循序漸進再加上慢半拍，將會是今年趨吉避凶座右銘。

1958 年的狗（民國47年，戊戌年，64歲）

目標十分重要，就像射箭，不是射出再說，而是瞄準後再出發。

該停下來的時候，無須太多的憂慮，調整步伐再出發，才容易走得更穩健。此種說法，不只是事業，投資求財也是如此。情緣方面，男士們需要多關心另一半的健康。

1946 年的狗（民國35年，丙戌年，76歲）

擔任「歲德吉星」的狗狗，這一年的運勢是強勢的，當然會是幸運的。只不過由於健康星磁場並不理想，因此建議為自己安排個完整的健康檢查。另外也建議多參加喜宴，因為一喜化九災。投資理財需要專家幫忙，該獲利也不宜猶豫。

屬狗流月運勢

宜謹慎面對的月份：三月、六月、八月、九月、十二月

正月 運勢（國曆2/4～3/4）

三合吉星照拂，再加上新年新氣象，這是狗族們大膽規劃未來，大膽許下願望和設妥目標的月份。女士們的情緣運勢頗佳，良緣到了猶豫只會讓幸福擦身而過。事業運勢也十分理想，新年就是拜年，尤其是向職場貴人拜年，禮多人不怪。

二月 運勢（國曆3/5～4/3）

六合之月，諸事皆宜。不過擇日學中，卻將本月列為「不利嫁娶」，還是尊重的好。人緣桃花旺盛的本月，大利廣結善緣。事業運勢的磁場也十分理想，只要是機會都值得積極承接。不過女士們還是需要謹慎面對情緣事務，以免誤踩地雷。

三月 運勢（國曆4/4～5/4）

月煞之月，再加上本命六沖，本月諸事不宜。嫁娶之事更是不在話下。其實並不是每一個「六沖」就不好，只是「月煞星」主事重要吉事還是避之為宜。財利運勢更是如此，投資求財步步為營為宜。男士們宜妥善管理與異性互動的方式。

四月 運勢（國曆5/5～6/4）

歲合星職事，再加上本命「祿神」照拂，這是個陽光普照的月份，對於理想中的事務，該據理力爭的就沒有推託的理由。成家立業最為理想的時刻，有意購買屋宅的狗狗該積極進場，其餘狗狗也該好好為自己布局好風水，讓運勢繼續旺下去。

五月 運勢（國曆6/5～7/5）

太歲六害星主事的本月，謹慎是絕對需要的。不過由於本命三合星的照拂，對於狗狗來說，這依舊是個陽光普照的吉利之月。女士們的情緣運勢最為理想，對的人出現了就不該再以被動的方式面對。事業星磁場亦佳，努力吧！辛苦有成。

六月 運勢（國曆7/6～8/6）

歲破之月，諸事不宜。再加上又出現了不協調的磁場，重要吉事和重要抉擇都應該避開本月。事業上的異動，更是如此，否則只會每況愈下。女士們宜謹慎面對情感事務。雖然如此，這依舊是個可以進場選購吉宅的時段。另外組織團隊也正當時。

七月 運勢（國曆8/7～9/6）

驛馬星發動的本月，是狗族們最為吉利，也機會最多的月份。「歲德吉星」照拂，事業運勢格外理想，想轉型，想轉換跑道，不要

因為「七月」而卻步。傳統七月，尊重就好。不過對於男士們而言，恐怕還是要提醒謹慎面對情愛事務。

八月 運勢（國曆9/7～10/7）

雖然是「歲祿星」主事的月份，又是太歲「將星月」，只是因為「本命六害星」作祟，本月行事務必謹慎再謹慎。千萬別因為「機會」出現了，而輕易出手。投資求財也是如此，別接到了刀子。健康星並不理想，沒事多休息，別累壞了。

九月 運勢（國曆10/8～11/6）

本命之月，通常最容易出現的就是大好大壞。不過只要策略正確，只會大好，不會大壞的。謹慎理財，只因為劫財星虎視眈眈。本月不利嫁娶，男士們也需要妥善調理情緣事宜。沒事多喝水，因為健康需要受到照顧，千萬別熬夜。

十月 運勢（國曆11/7～12/6）

財祿吉星照拂的本月，投資求財有利可圖，商務買賣與業務行銷值得加倍努力。太陽星照拂，人脈磁場也頗為理想，本月大利廣結善緣。只不過值得提醒的是男士們的情愛事務，沒有動作才是最好的動作。事業運勢頗優，辛苦有成。

十一月 運勢（國曆12/7～1/4）

　　最為理想的姻緣月，對於男士們而言，這個月最重要的功課就是準備娶個老婆好過年。已有伴侶的男士宜珍惜另一半，因為她是最好的貴人。投資求財有利可圖，商務的出發，業務的開發，加把勁財利十分豐富。不過事業事務反而需要謹慎以對。

十二月 運勢（國曆1/5～2/3）

　　本命三煞的月份，諸事不宜。歲末年終，該逐步停下忙碌的腳步，調整思維準備過個好年。對於狗族們而言，這是一種蹲下可以跳得更高的寫照，因為明年（2022）將會是個氣勢旺盛之年。本月開始規劃未來事務，才是智者之舉。

註：農曆正月以立春開始計算，括號內國曆交接以節氣時辰界分。

積極落實計畫，愈忙碌愈有成就

豬

生活可以忙碌，但人生不一定要奔波。的確如此，不過仔細想想有哪個人不奔波的！然而對於豬族們而言，辛丑太歲星提供了新方向，從此忙碌與奔波有了新定義……

流年運勢

　　人生本來就是忙碌的，而生活也本來就是奔波的。許多時候忙碌和奔波，反而容易體驗生命的存在感，有一種紮紮實實在過生活的感覺。有一句話最近常聽到，那就是「這種年頭還可以忙碌，真的很幸福！」對於豬族們而言，這種幸福的感覺在2021年將會更加明顯，因為辛丑太歲星提供了一個職位，那就是「太歲驛馬星」，同時也提供了「貴人星」的能量，於是忙碌與奔波有了新定義，那就是愈動愈有勁，愈動愈有成就感。

　　「太歲星」是豬族們的「貴人星」，在命理學中代表的是「穩定」與正向能量，和「驛馬星」加成的效果，出現了一種命理學術

幸運顏色	幸運數字	吉利方位
孔雀綠、象牙白、玫瑰紅、棕色	3、4、5、9 及其組合	東北方、正東方、西北方、正南方

中的尊貴現象，那就是「官印相生」。「官」代表事業有成，加官晉爵，而「印」則代表穩健與權勢。對於薪水族而言，這是一種職業更穩定的象徵，甚至於有機會升遷。對於企業豬族們來說，代表的是公司企業有機會擴大經營，對於延伸性或多元發展性的計畫，這是個值得積極落實的流年。

廣結善緣，積累人脈，刻不容緩。在現實生活中需要汰舊換新的不只是家具或衣服，還有人脈。時代在變，經過疫情之後市場更是驟變，順時應變成為當下不得不的趨吉避凶，而「驛馬星」正好驅動此種趨勢。不過值得提醒的是，豬族們步伐加快了，難免會遇到選擇原地踏步的朋友，尊重之餘就是祝福了。換言之，這是個人脈大搬風的一年。

最後是健康方面的提醒，生活作息不應該因為「驛馬星」而出現亂象，飲食更是如此，因為這是個最容易出現腸胃不適現象的流年。另外就是泌尿與循環系統的保健，沒事多喝水，多喝水沒事。女性朋友們婦科方面的養生也同樣需要多費心思。

💼 事業運勢

「官印相生」是事業格局上的最高層次，本命遇到發達而有成就，流年遇到則是職場仕途亨通的象徵，而這就是豬族們於2021年的事業運勢寫照。不過比較有意思的是，這一年的「官印相生」比較傾向於創新，對於企業豬族們而言，是一種延伸性發展的意涵。對於一般上班族而言，則是進入或提升斜槓領域收入的代表。

重大的轉變，並不適宜在這一年發生，例如轉職、跳槽、轉變行業……等，因為極容易每況愈下。而在本職之下的衍生性發展是吉利

的，就好像開分店或分公司一般，一般豬族們指的就是兼差，或是培養第二、第三專長。值得一提的是，這一年並不適合進行合作創業的事務，人云亦云更是大忌諱。

 ## 財利運勢

名和利，就好像魚和熊掌，很難兼得。在辛丑牛年太歲的五行結構中，對於豬族們而言，多了名，而少了利。此種情況也代表，只要豬族們打響名氣，財利自然會跟隨而來。對於企業豬族們而言，產品有名氣，有口碑，就會有市場，說法傳統卻是真實的流年情況。對於一般豬族們來說，也是如此，不過比較傾向於自我經營方面，那就是考取證照。

這一年的投資求財，務必遵守紀律，就線論線，步步為營。生活、超商、生技、電信、遊戲、宅經濟……等概念，將會是豬族們2021年的財利標的。

整體而言，財利春天為佳，夏天收成，秋天承接，冬天再獲利。一年兩次收成的感覺是很棒的。

 ## 情緣運勢

把家顧好，就是把整體運勢給顧好，這是豬族們2021年的整體運勢特質。如果談情說愛的最終目的應該是成立家庭，那麼這就是個幸福的好流年，如果談情說愛只是為了好玩，那麼這將會是個辛苦的一年。

在流年運勢中，此種「家運」特別理想的流年並不多見，因此不

論是否想「成家」，都有必要為自己構築個幸福恬適的窩。

　　由於整體流年氣勢中情緣磁場並不明顯，象徵愛情不會是今年的最強選項。已經有伴侶的，值得恭喜並請多珍惜；正在追逐的，請再加把勁同心協力構築穩固的幸福；單身適婚並且想婚的，則請稍安勿躁，把焦點專注在事業上為宜。女士們，宜仔細檢視情愛對象的背景與隱藏的性格。

開運風水

　　運氣掌握在自己手中。沒錯！雖然「驛馬星」與「貴人星」加持，不過啟動與驅動的還是自己，以及太歲氣數結構中所缺乏的元素。

　　從「五行相生」的角度來說，「土生金、金生水」是今年的流年大戲，這其中所缺乏的是走出既有領域的「木星」，以及提升財富能量的「火星」。因此豬族們需要多採用木火的色系衣服和配件，那就是綠色和紅紫色。樹木、植物的圖案有開心運的效果，而葉子造型的珮飾更有興盛繁榮的效果，材質以木頭和虎眼石最為理想。在居家和辦公室的東北方擺放綠色盆栽，或是木化石、葡萄石、螢石、孔雀石……等水晶礦石，則又具有「立即發福」的神效。

吉利方位：東北方、正東方、西北方、正南方。
貴人生肖：老虎、雞、兔子、羊、老鼠。

屬豬各年次流年運勢

1995 年的豬（民國84年，乙亥年，27歲）

有鬥志，就有戰場；有勇氣，就會有榮耀。這是個挑戰磁場充斥的流年，不怕挑戰，就怕怯戰。年輕就是本錢，再加上太歲「偏官星」賦予的魄力，有夢想就該付諸圓夢的行動，有理想就該實現它。對於事業而言，不闖一闖又如何證明自己的能力。

情緣方面，女士們就要謹慎了，建議把生活焦點擺放在事業上為宜。謹慎理財是財利運勢的必須素養。由於健康星並不理想，即便衝事業，也需要安排歇息的時間。

1983 年的豬（民國72年，癸亥年，39歲）

學會謙虛，無往不利，也就是所謂的「退一步海闊天空」。「官印相生」現象強烈的流年，豬族們有機會闖出屬於自己的成就，卯足勁，你會紅。不過，懂得利用槓桿事半功倍，因此想成功就先幫助一群人一起成功。

情緣星雖然不明顯，不過「家」的概念十分清晰，只要有心，幸福也容易跟隨而來。工作需要策略，賺錢也是如此，專業財可得，投資財恐怕就需要專家幫忙。

1971 年的豬（民國60年，辛亥年，51歲）

實現理想的方式有多種，直接落實的有之；把理想放得更大，再借力使力實現，再分享榮耀的亦有之；把理想擱在心裡頭，當成憧憬

的目標，想像登上高峰的喜悅，更大有人在。這是個十分微妙而詭異的流年，豬族們仔細想想自己是哪一種。

這一天最需要提防的就是劫財，謹慎理財有必要，合資之舉是忌諱，親友借貸量力而為。

愛情與婚姻的價值在於互信，這一年彼此擁有一片天，幸福指數會更高。

1959 年的豬（民國48年，己亥年，63歲）

智慧生財，財源滾滾。團隊一起賺錢，則財庫滿滿。獨樂樂，不如眾樂樂。只因為在辛丑太歲五行氣數中，豬族們處於「財多身弱」狀態，於是分享與合作成為讓財庫滿滿的幸福策略。否則到了年底結算，賺了多少不是重點，重點在留下了多少。

由此可知，財庫是必須製造的旺運元素，而「家」就是最大的財庫。屋宅、營建和資產概念股值得投資。有家就有幸福，愛情能量也容易獲得提升。

1947 年的豬（民國36年，丁亥年，75歲）

什麼都是別人的，唯有健康才是自己的。真實的一句話，並不是暗示豬族們今年的健康運不佳，而是在提醒一定要讓自己更健康。就從安排健康檢查開始，該提防的都提防了，任何事物不往心上擱，看淡了，風吹過了，歡樂就出現了。

財利運勢雖然明顯，有錢賺當仁不讓，不過花錢才是大學問，尤其是捨得投資自己的生活和幸福，豬族們將會是族群中的歡樂家。

屬豬流月運勢

宜謹慎面對的月份：三月、四月、七月、十月

正月 運勢（國曆2/4～3/4）

「六合吉星」與「文昌星」併臨，本月諸事皆宜。一年之計在於春，新春之月，喜悅之月，更是大利規劃一整年的新方向與新定義之月。女士們的情緣運勢頗優。「太陰星」主事，男士們的貴人就是異性。新春拜年可提升貴人氣勢，宜積極進行。

二月 運勢（國曆3/5～4/3）

進入二月，新春氣息依舊存在，而豬族們的吉星也繼續照拂，本月諸事皆宜。本命「三合星」與「將星」主事，大利事業運勢的啟動。財利運勢頗佳，商務買賣與業務行銷值得努力。女士們情緣運勢依舊理想，男士們恐怕就要提防招惹爛桃花。

三月 運勢（國曆4/4～5/4）

歲煞之月，諸事不宜。不過對於豬族們而言，卻是吉利非常，只因為「月德吉星」和「紅鸞吉星」併臨，因此本月大利嫁娶。對於投資求財而言，則還是需要謹慎，只因為大環境並不理想。豬族們最需要提防的就是「暗劫財」，金錢支出與花費多想三分鐘為宜。

四月 運勢 （國曆5/5～6/4）

六沖之月，諸事不宜。本月不宜出遠門，即便勢在必行也需要妥善安排。交通安全需要多用心思，喝酒不開車，疲勞更不應該駕駛。一動不如一靜，事緩則圓，人緩則安。劫財星虎視眈眈，投資求財宜謹慎。情緣運勢，多觀察再說。

五月 運勢 （國曆6/5～7/5）

歲害之月，謹慎行事。雖然豬族們的本命吉星照拂，嫁娶之事依舊避之為宜。理想需要實現，不過當遇到阻礙的時候，調整策略是必要之舉，而這就是本月的氣數現象。新事業的出發，新投資的啟動都需要謹慎。情緣男優於女。

六月 運勢 （國曆7/6～8/6）

歲破之月，諸事不宜。「大耗星」主事的本月，重要吉事還是寧可信其有地規避之為宜。對於事業而言，由於本命「三合星」的照拂，新機會的出現還是值得掌握。本月不宜探病、弔唁，勢在必行，宜隨身攜帶一包海鹽避邪。化解「白虎星」最好的策略就是捐血，因為一紅化九災。

七月 運勢（國曆8/7～9/6）

傳統的七月，尊敬就好，再加上已然被市場認為是「感恩月」，因此也就百無禁忌。不過由於月犯「六害星」，因此人際關係的運作宜謹慎，謹言慎行的同時，對於事務的執行也有必要依照計畫行事。男士們的情緣事務宜謹慎處理。

八月 運勢（國曆9/7～10/7）

「歲祿星」主事的本月，再加上又是團圓的季節，本月諸事皆宜，大利婚姻嫁娶與成家立業。中秋又是個祝賀的節日，禮多人不怪，祝賀的多寡和下半年運勢旺衰有關。男士們的正緣星明顯，努力吧！月娘也會釋放幫助的能量。

九月 運勢（國曆10/8～11/6）

正緣星明顯的本月，女士們的情緣運勢十分理想，因此大利嫁娶。單身適婚並且想婚的女豬族們，這是個有機會遇到白馬王子的月份。事業星氣勢頗佳，即便是「本命三煞月」，也依舊值得用心用力創造成就。健康星不理想，壓力需要獲得釋放。

十月 運勢（國曆11/7～12/6）

本命之月，大好大壞之象頗盛。不過由於「偏緣星」主事，本月不利嫁娶。這是個事緩則圓的月份，慢活是一種心境，同時也是化解不協調磁場的理想意境。女士們宜留意情緣運勢的運作，一不小心就

容易踩到了地雷。職場事務宜據理力爭。

十一月 運勢（國曆12/7～1/4）

　　人緣桃花星盛開的本月，大利廣結善緣，也大利組織自己的事業團隊，因為這是「英雄淡出，團隊勝出」的年代，再說月令磁場的合作氣息十分強大。不過對於投資求財而言，本月需要謹慎以對。健康星氣勢不佳，宜留意天候變化，作息宜守紀律。

十二月 運勢（國曆1/5～2/3）

　　太歲之月，並不吉利，再加上又有「喪門星」主事，本月行事要不低調，要不創新獨特並且堅持完成。歲末年終，最大的期盼就是新年的來臨，假期之外，還有新年新氣象的展開。做好準備吧！2022壬寅虎年，將會是豬族們大展身手的一年。

註：農曆正月以立春開始計算，括號內國曆交接以節氣時辰界分。

星座運勢
深度解析

辛　丑　年

順行星之勢，
培養「變」的能力

「計畫永遠趕不上變化，變化抵不上客戶一通電話。」據說這是《郭語錄》裡的一句話，這是成功企業家的成功精神，同時也是2021年天星盤中所透露出的星象訊息。

2021年是個變化快速的一年，只因為木星的腳步是快速的。木星於2020年12月19日進入寶瓶座，很快地不到半年就走完寶瓶的旅程於5月14日進入雙魚座，一年的路程用不到半年的時間完成，真的超級快速。

木星於6月20日在雙魚座開始逆行，很快地又於7月28日以逆行的方式回到了寶瓶座，10月18日恢復順行，於12月29日再度進入雙魚座，然後於2022年5月11日進入白羊座。

木星的忙碌，木星的變化，是一種現實與理想之間的交替，生活在這一年的星座子民們也容易陷入一種虛幻與真實之間的掙

扎。或許這些是後疫情時段本來就容易發生的現象，不過可以肯定的是，在這一年中如果沒有紮實的計畫、明確的目標，這將會是個最容易陷入窮忙的一年。

　　觀察流年星盤，發覺行星都集中分布在春分盤的右半邊，也就是第五宮至第九宮之間，這是個缺乏自主關鍵磁場的寫照，生活和決策容易受到外界的影響。這個時候，「順勢」將會是較為理想的趨吉避凶，與其強力建立所謂的「自主」，不如借力使力餵養與創造需求，營造屬於自己的利基。

　　郭董強調說：「未來的PC行業就是一個快、變、準的行業！」正巧也是2021年關鍵星盤的主要訊息。星座子民們就讓我們順行星之勢，培養「變」的能力，讓生命計畫隨時可以更圓滿、更精彩。

白羊座（03 月 21 日～ 04 月 20 日）

幸運顏色：葡萄紫、海軍藍與白色　　運物　：紫水晶、蝴蝶蘭
幸運數字：6、1、9、7 及其組合　　吉利方位：東南方、正東方及正北方

經營人脈主動出擊，運勢有機會獲得改變

這一招只要做到位，白羊們就機會再享受12年的好運勢。這是擁有重量級行星祝福的好招數，那就是積極廣結善緣，因為這是個人脈養分豐富的流年。

♈ 流年運勢

　　人緣桃花年。在木星護持下，白羊們的2021年將會十分精彩，只要方法運用得當，貴人籌碼將會獲得積累，而未來的整體運勢也有機會獲得改變，這是一種人緣磁場進行良性共振後的結果。

　　一個人賺的錢，有88％來自關係！史丹佛的研究報告這麼說。而這就是我們常說的「人脈就是錢脈」，不過也有專家提醒我們「經營人心，不要經營人脈」。對於2021年的白羊座而言，木星就幫上了這個忙。主宰一年運勢的主星是太歲星，也是木星，在2021年春分盤上為白羊們的人際關係磁場添加豐富的正能量，這將會是個所謂的「人緣桃花年」，這樣的流年既可以經營人脈，更可以經營人心。

　　人對了，一切都對了！土星也在白羊們的人際關係宮位上使勁，由於位於交友宮的守護星對土星釋放出三合相位磁場於是2021年將又會是個近悅遠來的一年。換個角度來說，不論是傳統舊有的社團人脈，還是身邊不斷出現的新人脈，都值得組織儲備起來。再從守護星的開創磁場角度觀察，發覺不論是人緣桃花的播放，還是人脈磁場的經營，都需要主動，也就是刻意。

♈ 事業運勢

對於人生,你只有三種選擇:放棄、妥協,或是全力以赴。這是穿著Prada的惡魔(The Devil Wears Prada)電影裡的經典台詞。對於白羊們2021年的事業運勢而言,這句話值得成為職場事業座右銘,因為天星磁場提供的是「辛苦有成」,只要願意全力以赴,再加上懂得借力使力,冥王星不但創造了價值,同時也營造了成就。而冥王星更提供突破瓶頸的霸氣能量,想轉變,全力以赴就對了。

♈ 財利運勢

天王星的能量持續,代表高科技電子類股依舊是理想標的,只不過由於土星的刑剋,以及水星的合相,高科技類股中具有新題材的轉型股,將會是2021年營造投資財富的好標的。對於一般白羊來說,商務行銷宜靈活運作,疫情之後的世界改變了,無線商業模式已然取代大部分的傳統模式。投資行星和偏財星的合相,透露出有利可圖的訊息,而國際財金動向與國際政治變化值得密切關注。

♈ 情緣運勢

2021是白羊們的人緣桃花年。是的!同時也是愛情桃花年。愛情行星和金錢星的會相,釋放一種成家立業的喜悅訊息,該進入婚姻的不要再猶豫,而已經結婚的白羊就多愛一點,因為另一半是白羊們的貴人。其餘白羊,則讓生活多一些歡愉與精彩,讓每個日子都像極了愛情,這也是專屬白羊們的開運妙方。

♈ 健康運勢

天星磁場對於健康容易造成影響的部位在頸部、關節與腳部。2021年白羊們最需要保養的將會是口、舌、喉和牙齒,平日多喝水滋潤喉嚨,少吃刺激性食物,也需要提防因為時序變化而引起的感冒。多運動是保健的好策略,不過還是需要提防運動傷害。

白羊座流月運勢

運勢較為理想的月份：3、4、5、9、10與12月

一月 **運勢：**妥善管理情緒，先處理心情，再處理事情。職場重要抉擇稍安勿躁為宜，情緒性的轉換跑道避之為宜。幸運的是，財利運勢頗佳，商務買賣與業務行銷值得努力。

二月 **運勢：**五星連結的天象出現在人際關係領域，本月大利廣結善緣，貴人籌碼有機會獲得積累。不過由於水逆的關係，謹言慎行卻是必要的素養。金錢運出現壓力，本月宜謹慎理財。

三月 **運勢★：**貴人在遠方，白羊們宜走出熟悉領域，讓新的人脈有機會進入生活中。火星的負能，提醒白羊們宜謹慎面對周遭人事問題，尤其要學會拒絕，拒絕親朋好友的錢財支借。

四月 **運勢★★：**一年一度的當家作主，白羊之月帶來了好的運勢。金星會相有利可圖，土星合相貴人穩固。火星熱情六合，機會磁場頗為活絡，不論是人脈，還是機會財利，都值得積極掌握。

五月 **運勢★：**這是個磁場較為理想的月份，由於天星主要磁場出現在金錢宮，代表財利運勢頗佳，投資求財以順勢納財為先。職場上出現了霸氣合相，展現專業就是展現生財能力。

六月 **運勢：**學習是為了讓生命更精彩，而學習的機會就出現在生活

中，即便是現學現賣也有機會開啟好運勢。財利運勢並不理想，本月宜謹慎理財，投資求財以短線順勢為宜。

七月 **運勢：** 事緩則圓，重要抉擇稍安勿躁為宜。尤其和錢財有關的事務，更有必要三思。愛情運勢容易出現兩極化的化學效應，務實是理想策略，驚喜恐怕容易招來驚嚇。本月投資求財，也是如此。

八月 **運勢：** 轉念即菩提。這是個不吉祥的月份，而轉念成為最為執行的轉運策略。愛情事務不應該和金錢扯不清，而人多的地方最好不要去，即便白羊們不招惹小人，也很難不受影響。

九月 **運勢★：** 你若不勇敢，沒人替你堅強。這是個值得勇敢的月份，勇敢承接任務，為人所不敢為，職場運勢容易出現轉機。貴人磁場十分明顯，大利廣結善緣。月底的水逆，宜提防合作事務的變數。

十月 **運勢★：** 水逆繼續到本月中，人際關係的溝通需要更多的耐心。本月的貴人磁場十分明顯，即便是水逆期間，還是適宜積極參加團隊活動，多聽、多看，多吸收團隊正向能量，你會紅。

十一月 **運勢：** 職場運勢頗佳，展現專業，展現魄力，這是個大利翻轉運氣的月份。不過還是需要謹慎面對金錢運，重大投資案件的洽商，稍安勿躁。健康磁場需要多費心思，就從舒緩壓力開始。

十二月 **運勢★★：** 順勢而為的不只是股市投資求財，白羊們的日常事務也是如此。職場事業運頗為理想，本月的努力容易受到肯定，升官發財容易為本月的星空磁場留下佳話。

金牛座（04 月 20 日～ 05 月 21 日）

幸運顏色：祖母綠、橙色與駝色　　幸運物　：舒俱徠石、車前草
幸運數字：4、5、2、8 及其組合　　吉利方位：正東方、東南方及正南方

先畫靶再射箭，有了目標夢想就不遠

有兩個消息，一個好消息，一個壞消息，金牛們想先知道哪一個？不論哪一個只要用對趨吉避凶方法，都容易成為心想事成的好流年⋯⋯。

♉ 流年運勢

　　心想事成是一種祝福，對於2021年的金牛們卻是一種渾然天成，只因為有了木星的照拂。這將會是個忙碌的一年，不只是為了事業，同時也是為了人際關係事務。

　　心想事成是一種意境，好的意境順遂如意，這個意境與木星有關，而另一種意境也是心想事成，此種意境則和土星息息相關，最好避而遠之。

　　這一年，木星給了金牛們的禮物是忙碌和漂移，因此運作稍有偏頗很可能就成為了窮忙。而土星則提供了壓力，只不過由於流年星盤上的土星合相了火星，於是此種壓力反而容易成為造就一番事業的原動力。

　　改變命運的不是機遇，而是面對人生的態度。流年星盤中的土星合相火星，對於金牛座而言，這是一種先畫靶再射箭的象徵。就像生意人要賺到錢，而企業家的經營要看到結果一樣，對於流年的運作同樣需要目標，以及按部就班的計畫，而此種現象又尤以職場的運作為最。

　　貴人明顯，有機會透過廣結善緣的方式積累貴人籌碼。社團的參加在於尋找學習的對象，向上鍊結，否則容易陷入消耗錢財，浪費時間的窘況。

♉ 事業運勢

　　你是在工作，還是在做事業？這是個很實際的問題，金牛們曾經想過嗎？對於金牛們來說，這是個容易得到深切體驗的一年，因為這一年的事業會很忙，很有成就感，也會有很多考驗。事實上只要牢記，生活是為自己而過，事業是為自己而做，只要設妥目標，朝向目標前進的工作，就是事業。

♉ 財利運勢

　　小財靠儉，大財靠險。對於2021年的金牛座而言恰恰相反，即便是險財也需要計畫與紀律。對了！就是紀律這檔事，不但適用於股市投資求財，同樣也適用於商場與事業的經營。人云亦云，是人都知道要迴避，偏偏就容易成為今年的防不勝防。這是個大利買房年，機會出現了就該牢牢掌握。

♉ 情緣運勢

　　對於心中一直充滿愛的金牛座而言，生活本身就像極了愛情。流年星盤中的愛情行星釋放正向能量，只要心中充滿愛，生活中就會有滿滿的愛。單身適婚金牛宜勤於參加聚會，讓理想愛人的邂逅有機會發生。不過要提醒的是，愛情和麵包雖然同樣重要，不過愛情不應該與錢財牽扯不清。

♉ 健康運勢

　　關節、牙齒、骨骼是2021年格外需要養護的部份，而金牛大姐大哥們則宜提防摔倒，傷及骨骼，不利健康。鈣質要攝取足夠，則是今年的另一門養生課題。降低應酬機率，讓生活更規律，整體運勢就會更順遂。多安排尋幽訪古的知性之旅，讓情緒、身體與心靈都得到滋養。

金牛座流月運勢

運勢較為理想的月份：3、4、5、7與9月

一月 **運勢★：**事業問題，不會是情緒問題，因此先處理心情，再處理事情。雖然驛馬星磁場頗盛，不過適宜旅遊和更高領域的學習，至於職場事業的變動還是審慎為宜。

二月 **運勢：**水逆由上月30日展開，本月21日結束。金牛們要謹慎面對的就是職場事務，上月的審慎就是本月的幸福。不過五星連結事業宮還是提升了金牛們的財運，因此商務與行銷業務值得更加努力。

三月 **運勢★：**健康運勢頗佳，值得安排整體的健康檢查。辛苦有成的磁場頗盛，即便是默默耕耘也容易過得肯定，就從用心落實任務開始。為自己安排專業學習的機會，提升競爭力，也激盪了機會。

四月 **運勢★★：**這是個幸運的月份，心想事成不會只是期望。貴人磁場十分明顯，本月大利廣結善緣。對於與理財有關的學習機會，值得金牛們掌握。財利運勢亦佳，投資求財已穫利為先。

五月 **運勢★★★：**四星匯聚在金牛座，一年一度的金牛之月，又多了正向磁場與行星的祝福，金牛們登上了本月幸運星座榜首寶座。即便如此，人際關係依舊需要謹慎經營，就從謹言慎行開始。

六月 **運勢：**水逆從上月29日展開，本月22日結束。金錢運勢極容易成

為水逆的受害部份，除了宜謹慎理財之外，還要避開因為面子而傷了裡子的機會。職場運勢雖佳，不過不利異動。

七月 **運勢★★：**風雨過後，太陽出來了！對於事業有所助益的貴人浮現，抱持學習心態金牛們將無往不利。人脈磁場佳，值得積極廣結善緣；家庭運勢亦佳，購屋置產的好機點。

八月 **運勢：**本月運勢天氣又由晴轉陰，這個時候需要妥善管理的是情緒，化解方式就從擁有好心情開始。幸運的是，愛情運勢頗佳，有愛人的要多愛一些。本月投資運勢佳，順勢為宜。

九月 **運勢★：**眼見為憑有時候是危險的，理所當然的思維也容易誤事。唯有運用務實的方式面對事務，這個月的運勢才會是平穩的。風向大三角也提供隨緣的磁場，放下了，運也就開了。

十月 **運勢：**水逆由上月27日展開，本月18日結束。再加上刑剋三角形磁場作祟，金牛們有必要在健康養生方面多費心思，就從減少應酬開始。正常作息，足以提升免疫力，避開風寒流感。

十一月 **運勢：**合作是目前商務的必須，不過本月的合作機會宜謹慎，避免遇人不淑白忙一場。自己人的溝通需要耐心，也需要策略。投資求財運是頗佳，鎖定強勢標的，有利可圖。

十二月 **運勢：**偏財運勢頗佳，商務買賣與業務行銷值得努力，因為有利可圖。職場重要事務與抉擇稍安勿躁為宜，重要關鍵的轉變，多聽聽客觀的聲音，並且借力使力。

雙子座（05 月 21 日～ 06 月 21 日）

幸運顏色：金黃色、粉綠與粉紅色　　幸運物：琥珀、翡翠與香水百合
幸運數字：5、2、9、0 及其組　　　　吉利方位：正東方、西南方及正南方

流年運勢充滿變數，掌握機會快速行動

機會是留給準備好，也隨時可以行動的人。行動磁場旺盛的2021年，雙子們的星座特質受到了啟發，那就是用行動力讓自己脫胎換骨，雙子們一起開運吧！

Ⅱ 流年運勢

天下武功，無招不破，唯快不破。據說這是李小龍的名言。對於雙子座而言，這句話在2021年十分管用，只因為這是個驛馬星發動的流年。太歲木星在雙子們的驛馬宮來回快速地奔馳，以比往常快一倍的速度，從驛馬宮直奔事業宮，再從事業宮逆行回到驛馬宮，代表這是個變化與異動快速的一年，想要讓運氣獲得同步提升，就有必要調整已然很快速的星座節奏。

Linkedin 創辦人Reid Hoffman 里德・霍夫曼說：「打破陳規，快速前進，不完美也是一種完美。」他認為在市場上速度決定了成敗，與其用所謂完美產品慢慢進入市場，不如用不見得完美的產品快速進入。霍夫曼的這些話似乎是說給面對2021流年運勢充滿變數的雙子座聽，捉住機會快速學習，掌握住機會快速行動，同時再加上快速修正，則經過一年的修煉後，雙子們將會迎接夢想中的非凡。

不過值得提醒的是，在唯快不破的節奏中，土星所提供的步步為營訊息不宜小覷，回歸現實面那就是隨時檢視、調整，再出發。就像祖克柏當年大膽推出臉書，再傾聽用戶意見，不斷改進一樣。如此看來，雙子們的2021年

是值得用心運作的。

♊ 事業運勢

異動磁場旺盛的2021年，順勢是雙子們必修的課程。順當下的勢，最重要是順大環境的勢。蹲好馬步，5月14日之後大顯身手，6月20日開始偃旗息鼓，養精蓄銳，10月18日再重振旗鼓，一舉成功圓夢。值得提醒的是，想成功要有本事，而提升本事的最直接、最好策略就是學習。

♊ 財利運勢

名利相倚的流年，雙子們與其苦心求財，不如先求名，有了名，利自然隨之而來。企業雙子宜關注在如何打響企業或產品招牌，投資求財則宜以大而穩的標的為佳。對於一般雙子而言，較為理想的穩固財運好策略，將會是考取證照如求功名一般，再不然就要學習一身好本事，有了名才會有利。

♊ 情緣運勢

火花四射的今年，雙子們的愛情運勢是幸福的。愛情行星與太陽的會相，讓美麗的邂逅成為生活的一部分，單身適婚雙子值得努力，心願有多大，幸福就有多旺盛。已有對象的雙子，則將美麗的邂逅轉化到貴人的儲備上。有道是「成功非盡力，而是借力」，而營造人緣磁場是創造借力的槓桿支點。

♊ 健康運勢

不利健康的星曜出現在雙子們的腰部，這一年需要謹慎面對運動傷害，筋骨方面的保養更是刻不容緩。坐骨神經方面的問題，非到不得已請勿輕易嘗試動刀。另外頭部的保護也十分重要，沒事多休息與休閒，有助於壓力的舒緩。睡眠是最好的療癒，也是釋放腦壓的理想策略。

雙子座流月運勢

運勢較為理想的月份：1、3、4、5、7、9與10月

一月 **運勢★★：**偏財運勢格外活絡的本月，商務買賣與業務行銷都值得加把勁，因為辛苦有成。心中想改變的事務，也有機會在這個時候來個心想事成。不過還是要提醒謹言慎行，尤其是心事別輕易吐露。

二月 **運勢：**守護星進入逆行狀態，雖然五星匯聚的天星現象賦予行動的能量，不過方向的掌握恐怕需要更清晰的擬定，事緩則圓，稍安勿躁。預設立場與理所當然的思維，容易讓自己陷入誤導的泥淖。

三月 **運勢★：**你愈認真，別人才會愈當真。即便如此，過度的認真與執著，反而容易讓事務出現兩極化的發展，而化解方式就從聆聽開始。用心聆聽，很可能聽到了智慧，也容易獲得機會。

四月 **運勢★★：**人緣磁場十分理想而活絡的本月，大利廣結善緣，積極參加團隊聚會容易積累貴人人脈。偏財運勢頗佳，再加上辛苦有成的磁場旺盛，這個時候即便是默默耕耘，也都容易獲得期望中的收穫。

五月 **運勢★★：**有一種心情，是喜悅的，也是滿足的，只因為四星連結天象出現在「心想事成」的宮位。金錢運勢也獲得了啟發，驛馬星也啟動了，心動就該馬上行動，指的是賺錢，不是花錢。

六月 **運勢：**雙子之月，一年一度的盛事。只可惜，水逆從上月底展開，對於雙子座而言，這是個宜謹慎行事的月份。最需要規避的就是自我矛盾與猶豫。金錢運並不理想，謹慎理財，大金額的支出多想想為宜。

七月 **運勢：**雨過天晴，上個月的緊張，已然過去了。守護星恢復順行，終於可以做真正的自己。金錢運勢雖佳，不過卻容易犯「財不露白」的忌諱，因此謹慎理財之外，親友的借貸宜量力而為。

八月 **運勢：**這個世界上最需要的是人脈，而最難搞的也是人際關係。謹言慎行是本月必修課題，重要抉擇稍安勿躁為宜。由於驛馬星逢沖，不宜出遠門，也需要留意交通安全，疲勞千萬不要駕駛。

九月 **運勢★★：**先處理心情，再處理事情。這是個吉利能量滿滿的月份，人脈磁場理想，偏財運亦佳，事業磁場也以順遂的分式呈現，只不過情緒管理需要多費神。心開，運就開，真的耶！

十月 **運勢★：**人生像極了愛情，因此有人說「錯過了愛情，就錯過人生」。對於愛情運勢磁場格外明顯而吉利的本月來說，有愛人的雙子要大大擁抱愛情，其餘雙子則多愛自己一點。

十一月 **運勢：**過勞是健康最大的殺手，值得提醒。工作運勢並不理想的本月，不堅持將會是理想的堅持。家庭運勢頗優，有意購買屋宅的雙子，值得進場賞屋。職場事務宜謹慎，大意失荊州千萬別出現。

十二月 **運勢：**年底最需要的就是自我檢視，並且規劃未來一年。由於流月的主要氣息出現在夥伴宮位，對於生活伴侶和事業夥伴的互動與溝通，需要更多的耐心與愛心，以及學習的心態與思維。

巨蟹座（06 月 21 日〜 07 月 22 日）

幸運顏色：紅色、秋香綠、駝色　　幸運物　：蛋白石、拓帕石、薔薇

幸運數字：2、5、9、4 及其組合　　吉利方位：正南方、東南方、西南方

大膽圓夢，放手規劃期望的未來

我不是巨人，我有巨人的視野，因為我站在巨人的肩膀。就是這樣的意境，巨蟹們請用歡欣的心情，做好合作的準備，迎接讓自己成為巨人的2021年……。

♋ 流年運勢

　　我是誰雖然重要，更重要的是和誰在一起。BNI創辦人Ivan博士說「Who is in your room.」你的生命中有了誰很重要。整合大家的資源和能力，一起成就彼此的事業，這是真正的智慧。這些都是巨蟹座的2021年運勢寫照，因為在夥伴宮位上冥王星，整合了巨蟹們的人脈和事業能量，代表這是個有機會和巨人合作的流年。再加上資源宮位上的土星，也合相貴人宮位的火星，代表透過有系統的資源整合，巨蟹們就有機會圓夢。

　　換個角度來說，對於巨蟹座而言，2021年是個大膽圓夢的流年，放手規劃期望的未來，目標愈明確，達成機率愈高，因為關鍵流年星盤中充滿著可使用的資源，就看巨蟹們如何整合利用。就時間來說，從現在開始到2021年5月14日是關鍵時段，資源做好了充分的整合，接下來就是落實，只要在6月30日之前有了答案，巨蟹們的夢已然完成了八成。

　　另外，這一年中有四個日子不適宜重要吉事與抉擇，那就是5月26日、6月10日、11月19日和12月4日，只因為巨蟹們的守護星在這四個日程受到了極大的影響。

🦀 事業運勢

既然是大膽圓夢的流年，巨蟹們就甭客氣了！事業磁場有了冥王星的加持，代表容易因為專業的學習和合作而獲得蛻變。幸運的木星也提供發展的能量，這是個值得努力的一年。傳統的方式和老朋友的資源值得掌握，只因為土星在資源宮位上與火星合相，同時也透露出積極不著急的訊息。

🦀 財利運勢

偏財氣息十分旺盛而活絡的2021年，對於商務買賣與業務行銷的巨蟹座而言，將會是個業績長紅、財運亨通的一年。即便是一般薪資族也有機會因為專家的幫忙而獲利，換言之，偏財運雖然活絡，不過還是需要透過合作或專家的協助。股市投資求財，宜將焦點擺放在權值股上。

🦀 情緣運勢

定下來的感覺是美好的，已有伴侶的巨蟹到了該思考是否定下來的時候了。已然進入婚姻的巨蟹宜多珍惜另一半，因為是助力最大的貴人。單身適婚巨蟹宜積極參與朋友聚會，讓美麗的邂逅磁場真正發生。愛情運勢與水逆息息相關，2021年一共出現三次，其中最需要用心的是1月30日至2月21日的時段。

🦀 健康運勢

沒事多喝水，多喝水沒事。巨蟹們在2021年的保健養生第一要素就是水分的攝取要充足，憋尿是影響健康的行為，膀胱炎與腎臟炎都容易因此發生。個人衛生的維護需要多一份心思，而居住的環境也需要調整的更加舒適，除了容易得到好風水之外，對於睡眠與情緒的調理具有很大的助益。

巨蟹座流月運勢

運勢較為理想的月份：2、4、5、7、9與10月

一月 **運勢：** 重大的抉擇有必要避開本月，更應該迴避情緒性的定奪，職場上的異動也稍安勿躁為宜。幸運的是，貴人磁場明顯，本月大利廣結善緣。偏財運勢頗旺，投資求財有利可圖。

二月 **運勢★★：** 偏財運持續旺盛，財神爺送上門來，請記得開啟大門迎接。五星連結就是此種好景象，即便遇到了水逆也會是瑕不掩瑜。換個角度來說，目標與計畫明確就別為了小事情而耽誤。

三月 **運勢：** 驛馬星發動的本月，卻不建議輕舉妄動，最大的忌諱更是因人而動。偏財運勢頗佳，而貴人資源也源源不斷，這是個向巨人學習成為巨人的月份，而這樣的巨人就在巨蟹們的身邊。

四月 **運勢★★：** 本月的星空清靜多了，雖然貴人在遠方，不過能量卻十分明顯。偏財運勢同步旺盛，經營海外事業的巨蟹有利可圖，而網路事業巨蟹的財富更是無遠弗屆。股市投資求財，國際財金盤值得關注。

五月 **運勢★：** 這是個吉利的月份，不過先決條件是要開心。走出習慣的家門，結識不同領域的人脈，有機會豐富貴人存摺。偏財運勢依舊理想，接連三個月的好運勢，荷包內容和借力使力的資源應該會是豐富的。

六月 **運勢：** 強摘的瓜不甜，強求的緣不圓，凡事莫強求為宜。火星巨

蟹磁場並不理想，以退為進是本月值得參考的趨吉避凶策略。不過幸運的是，由於心智宮位磁場頗優，自己就是自己最好的貴人。

七月 **運勢★★★**：巨蟹之月，展開序幕，一年一度的盛事，再加上重量級行星的助益，巨蟹們登上本月最為幸運的星座榜首。不過值得提醒的是，由於金錢宮磁場不佳，行商買賣與投資求財都有必要妥善關閉風險。

八月 **運勢**：事業為什麼會成功，因為相信成功。本月星盤磁場並不理想，不過有座燈塔為巨蟹們引導方向，因此巨蟹們要做的就是聚焦，做該做的事、計畫中的事。其餘金錢、人際事務暫時擱在一邊。

九月 **運勢★★**：貴人出現了，好的磁場也跟著而來，這是個吉利的月份。家庭運格外醒目，重要事務如搬家、入宅與修造等都適宜擇吉執行。這是個充滿心想事成能量的月份，有願望、夢想要實現嗎？許下後，執行就對了！

十月 **運勢★★**：上月的用心，本月容易開花結果，那就是家庭運勢的經營。成家立業是此刻最為明顯的天星訊息，購屋置產值得進場，結婚生子的計畫值得開啟，也值得將居家或辦公室重新布局迎接新的好能量。

十一月 **運勢**：挑戰是一種生命力的展現，不過當環境不佳的時候，輕舉妄動反而容易受到傷害。按部就班、循序漸進，事緩則圓，愛情和投資求財的運作也是如此，設妥區間確實執行，幸運之神依舊眷顧。

十二月 **運勢**：工作運勢頗優，對於處於瓶頸的事務可尋獲突破的策略，就從借力使力著手。愛情運雖然理想，不過重要抉擇請在10日之前定奪，合作案件也是如此。偏財運勢亦佳，務實才是重點。

獅子座（07月23日～08月23日）

幸運顏色：粉綠、黃色與乳白　　幸運物 ：橄欖石、葡萄石、波斯菊
幸運數字：4、2、7、5及其組合　　吉利方位：正西方、西南方、東南方

積極掌握好運勢，正向能量獲得霸氣擴張

王者風範，再現江湖。而這一次的出現是以一步一腳印的方式前進，用學習爲基底，再以行動爲佐使。策略對了，王者再現，反之恐怕只是熱鬧一場……

♌ 流年運勢

專業只能讓你求生存，人脈才能使你脫穎而出。

是的！獅子們在2021年的運勢主軸在於「人」。

流年關鍵星盤中的一股合相力道，劃過最親近的人際與社會人脈之間，獅子們可以將之視為大結合，也可以視為一種新領域的開啟。只因為這是種傳統行星與創新行星的合相，需要用務實的思維與策略，主動探尋陌生領域的人脈資源。就傳統的角度來說，這是個典型的「辛苦有成」與「借力使力」的流年。

學習是為了讓生命更精彩！對於獅子座而言，2021年的學習氣息非常地強大，也值得大力投入，除了專業地位可望因而獲得提升與鞏固外，事業價值與財富的翻轉更是毋庸置疑。回歸現實面，將知識轉換成財富或創造工作的價值，讓流年的正向能量得以獲得霸氣擴張的機會，那是守護星之王者風範的呼喚。加油吧！讓2021成為王位再現的流年。

貴人磁場十分明顯而活躍，因此合作的機會也同步活絡，有一種「巧遇良人」的感覺，而姻緣現象也如此。整體而言，5月14日之前的好運勢宜積

極掌握與創造，而下一個貴人運的啟動將於10月18日之後。下列四個日程宜避免重要事務的執行與抉擇：5月26日、6月10日、11月19日、12月4日。

♌ 事業運勢

工作運勢十分理想，這是一種回歸基本面的流年，積極吸收蛻變的智慧，務實地檢視與調整，不斷地練習與行動，獅子們將會掌握住蹲下後高高躍起的暢快能量。亞里斯多德說：「讓你卓越的不是行為，而是習慣，是重複的習慣造就了我們。」重複地做，做到專精，工作運將躍升為事業好運勢。

♌ 財利運勢

不要將所有雞蛋擺在同一個籃子裡。這是投資家的哲學，同時也告訴獅子們要學會時間分配的策略。偏財運勢頗旺的今年，對於投資、商務與業務獅子而言，是個難得的好流年。不過對於一般獅子而言，恐怕只有等待中獎了。專家說「不投資，會變窮！」最起碼投資自己，讓自己不只是擁有一個收入管道。

♌ 情緣運勢

開花結果是一種喜悅，尤其是開出姻緣的花朵。這是紅鸞星動年，該收成的別再猶豫，單身適婚的，宜積極參與朋友聚會，別辜負幸福之神的美意。決定多愛自己的獅子，請讓生活擁有更多的精彩，而已經擁有另一半的，請多疼惜、呵護，因為她（他）是獅子們的最大貴人。最吉利的婚姻時段是5月14日之前，接下來就是10月18日之後。

♌ 健康運勢

別勞累了！很矛盾的說法，要馬兒好，又要馬兒不吃草。運勢活絡的今年，想不勞累恐怕不容易，不過還是有必要妥善規劃時間，無論如何都需要安排休息的時間，以免不知不覺就過勞了。找時間鍛鍊背脊肌肉群，為了保護腰椎，避免下腰背痛的困擾。女獅子則宜留意生殖系統的保健。

獅子座流月運勢

運勢較為理想的月份：1、3、4、5、11與12月

一月 **運勢★：** 新年新希望，工作磁場十分豐富的本月，不建議努力工作，而是努力規劃可執行的年度目標。人際關係磁場出現調整的訊息，妥善管理情緒，別讓自己成為別人的垃圾桶。

二月 **運勢：** 水逆出現在獅子們的夥伴場域，上月的情緒管理，對於本月的人際關係具有極大的助益。五星匯聚提供了貴人能量，而貴人就在獅子們的身邊，尊重是開啟貴人能量的關鍵鑰匙。

三月 **運勢★★：** 偏財運勢頗佳的本月，大利商務買賣與業務行銷，值得加把勁。資源磁場也因而獲得啟動，本月大利廣結善緣，為的就是貴人的資源與支援，工作運勢可望因而更順遂。3月14日是獅子們偏財運最旺的大吉日。

四月 **運勢★：** 驛馬星啟動的本月，行動能量超強，而機會能量也十分活絡。相對地知識的養分也格外充足，而學習的機會就在生活中。心動就該馬上行動也是本月開運主軸訊息，不過職場異動不在此範疇中。

五月 **運勢★：** 冥王星進入為期9個多月的逆行狀態，對於獅子們而言，謙虛與務實將會是必修功課。事業磁場有了四星連結的能量挹注，只要善用借力使力的策略，順勢運作就有機會水到渠成。

六月 **運勢：** 人多的地方不要去，只因為水逆出現在獅子座的人脈宮位，

為了是避免陷入隨波逐流的泥淖。健康是本月最需要用心的部份，工作衝過頭容易傷害免疫系統，有必要給自己休息與喘息的時間。

七月 **運勢：** 事緩則圓，人緩則安；不疾不徐，循序漸進，以上都是獅子們本月趨吉避凶的必須，因為這是個充滿欲速則不達磁場的月份。火星獅子提醒的是，職場事務的運作需要多的耐心，以免呷緊弄破碗。

八月 **運勢：** 獅子之月啟動了，今年的一年一度的當家作主，因爲水日會相的不佳相位，而成為了需要謹言慎行的提醒。財利運勢並不理想，謹慎理財也是必須，股市投資求財宜提防國際財金的變數。

九月 **運勢：** 上月謹慎理財的建議，本月繼續適用，尤其要避開情緒性消費的機會。生命的價值在一念之間，事業的價值則需要積累，當挫折與考驗成為養份，則生命將會出現無限式的可能地延伸。

十月 **運勢：** 生活的最佳境界是在享受生活，而不是用力過活，這是水逆期間獅子們值得自我提醒的部分。重要事務的執行與溝通，最好延至18日之後再進行。健康是最大的財富，休息是為了走更遠的路。

十一月 **運勢★：** 轉變是為了下一刻的美好，當磁場不佳的時候，一動不如一靜，而這是獅子們本月家庭運勢的寫照。正財運頗佳，代表努力就容易獲得成果，而這是獅子們本月事業運勢值得肯定的部分。

十二月 **運勢★：** 堅持不代表固執，尤其是步步為營的堅持，讓獅子們的事業獲得夥伴貴人的肯定。向成功的人學習成功，向積極的人學習正向思考，就從聆聽開始。健康運勢需要獲得關注，正確飲食十分重要。

雙女座（08 月 23 日～ 09 月 23 日）

幸運顏色：紅色、駝色與百合白　　　幸運物　：紫水晶、虎眼石、風信子
幸運數字：6、9、2、0 及其組合　　　吉利方位：西南方、正南方、西北方

工作以極快的腳步行進，機會活絡、見好便收

有目標的努力，叫做奮鬥；沒有明確目標的努力，就是忙碌。如果可以辛苦一陣子，然後享受一輩子，雙女們想不想知道在命運上要如何布局，要做哪些功課？

♍ 流年運勢

　　想要成功一定要努力，但努力卻不一定會成功！耳熟能詳的一句話，聽多了應該沒啥感覺，不過仔細想想卻是很殘忍的事實。不過再仔細想想就不難找出原因，那就是有沒有明確的「目標」。有目標的努力叫做奮鬥，沒有目標的努力就是忙碌，甚至於有人陷入窮忙而不自知。

　　對於雙女座而言，2021年是個很忙的流年，至於是「奮鬥」，還是「忙碌」，且讓我們用天星角度分析與觀察。木星於2021年在雙女座的「工作宮」以極為快速的腳步行進，2020年12月19日進入「工作宮」，於2021年5月14日就離開「工作宮」，一年的行程，不到半年就走完。由於這段期間的磁場是屬於正面的，代表的是辛苦有成，也代表機會十分活絡，更代表見好便收。

　　值得留意的是，流年關鍵星盤中土星也在「工作宮」，「事業宮」的火星對土星釋放吉利的三合磁場，這是一種機會要掌握的訊息，因為稍縱即逝。就天星學角度來說，「工作宮」代表的就是生活的態度，因此前述的種種磁場訊息代表的也是整體運勢趨勢。整體而言，這是個吉利的流年，只不

過生活目標明確，吉利程度會獲得更大的提升。

♍ 事業運勢

　　機會是留給準備好，並且願意展開行動的人。雙女們事業運勢最理想的時段是上半年，由於存在著一種積極主動的能量，因此這是個典型的行動年。更換跑道，值得考慮，不過先決條件是豐富與旺盛轉移，千萬不可以是無奈與逃跑似的異動。企業雙女，對於事業與產品的轉型宜積極進行，以免失去競爭力。

♍ 財利運勢

　　投資運勢理想的今年，值得努力執行，只不過標的的選擇十分重要。權值股、政治概念股和債券型標的，都值得雙女們關注。偏財運勢也十分理想，經商買賣有利可圖，不過合作是佳策良方，不過未必是實質的合作，而是一種智慧與技術的學習，安排專家顧問或參加專業學習都是好策略。

♍ 情緣運勢

　　專情是美好愛情的養分，同時也是雙女們2021年愛情運勢寫照。有愛情的，會愛得很專注；已經進入婚姻的，則容易因為另一半的好運氣，而讓財神爺願意上門，因此要多愛一點。單身適婚雙女，有機會在工作領域覓得好的對象。選擇愛自己的，則將生活焦點放在事業上，容易因為成就而提升生命的豐富度。

♍ 健康運勢

　　腸胃保健是2021年的重要課題，飲食宜多元化，纖維食物的充分攝取十分重要，因為這一年最容易出現的消化不良與便祕的問題。工作壓力要安排釋放與舒緩的機會，否則肝膽方面的養護必須付出更多的心力。適度的運動是必須的，而工作領域的環境也需要用心布局，陽光充足，空氣流通，動向順暢，就是好風水。

雙女座流月運勢

運勢較為理想的月份：3、5、9、11與12月

一月 **運勢：** 愛情運勢頗優，熱情的磁場，讓甜蜜的可以更甜蜜，需要修正的有機會調整得更圓。而這也是一種生活更精彩的訊息，在新年的時刻出現，代表這一年運氣是活絡的，就開心的迎接開始。

二月 **運勢：** 健康磁場並不理想，除了水逆的關係外，另外就是火星與天王星的影響，這是一動不如一靜的月份。不過幸運的是，由於金星的祝福，事業職場容易獲得貴人的挹注，抱持學習的心就對了。

三月 **運勢★★：** 一股吉利的能量，出現在金錢、投資與成長的領域，這是個魚與熊掌可以兼得的月份，重點在於堅持與專注。工作領域的順遂感也出現了，順勢而為為宜。健康磁場需要呵護，別累過頭了。

四月 **運勢：** 偏財運獲得了明顯的提升，這是值得加倍努力的月份，除了默默耕耘，還有機會的適時掌握。不過需要提醒的是，人云亦云的現象需要避免，尤其是最親近的伴侶與夥伴的聲音，需要尊重也需要溝通。

五月 **運勢★：** 驛馬星啟動的本月，雙女們可以執行兩件開運事，一是安排學習或知性之旅，其次是環境的改變。新環境新心情，新領域的學習，開啟新的視野。這是個有必要走出舒適圈的時刻。

六月 **運勢：** 守護星逆行，本月諸事不宜。人多的地方不要去，而對於

人的事務也不宜過於執著，隨緣的好策略。不過幸運的是，工作運勢頗佳，即便是默默耕耘，辛勞也依舊容易過得肯定。

七月 **運勢：**合作事務的洽商，稍安勿躁為宜，只因為計畫永遠趕不上變化。不過一股堅持的磁場還是拴住了雙女，這個時候不妨聽聽專家們的建議，抽離當下，換個角度觀察事務，容易獲得開朗。

八月 **運勢：**佛渡有緣人，親人最難渡。放下是本月必修的人生課題，割下就是解放，新的生命才容易獲得舒展。走出習慣的領域，接觸不一樣的風景和空氣，對於轉運具有莫大的助益。

九月 **運勢★：**一年一度當家作主的時刻來臨了，雙女之月展開序幕。這個月容易出現新的點子，新的思維，值得掌握。不過不好的心情有必要調適，最重要是不要和別人比，因為自己才是獨一無二的。

十月 **運勢：**守護星又進入逆行狀態，這一次出現在心智領域，代表這個時候忘記是最理想的趨吉避凶。另外先入為主的思維也有必要轉變，尤其是人際關係的互動，預期猜對阻礙，不如做對解危策略。

十一月 **運勢★：**貴人磁場活絡的本月，大利廣結善緣，工作運勢也因此獲得提升。把居家整理一番，對於運勢的調整具有神奇的效果，有意購買屋宅的雙女值得進場賞屋。值得提醒的是自己人的溝通，需要更多的耐心。

十二月 **運勢★：**上個月的居家整理，對於健康、愛情和事業幸運指數吉利效應持續發生。異動星磁場不佳，因此重大抉擇與改變稍安勿躁為宜。投資求財宜謹慎，設妥區間，順勢執行，短線財利可期。

天秤座（09 月 23 日～ 10 月 23 日）

幸運顏色：白色、棕色、紫色　　　幸運物　：紅寶石、琥珀、向日葵
幸運數字：7、9、2、0 及其組合　　吉利方位：正南方、西南方、正西方

幸運之星移動極快，有理想勇敢實現

生命本來就該浪費在美好的事物上。想笑，就大聲笑；想接吻，就別忙著說話。當生命的美可以創造的時候，當流年的幸運可以DIY的時候，天秤們就別閒著……。

♎ 流年運勢

　　生命就該浪費在美好的事物上。這是咖啡飲品的廣告詞，這句話的前頭還有一段，那就是「想笑，就大聲笑；想接吻，就不忙著說話」，說的是享受當下美好的意境，太傳神了！雖然記住這個廣告的人不多，不過這句廣告詞卻深深地烙印在人們腦海中，當享受美好時刻的時候，就會脫口而出「生命本來就該浪費在美好的事物上」，而這也是天秤座在2021年的流年運勢意境寫照。

　　流年關鍵星盤中的幸運之神落在天秤座代表遊戲與歡樂的宮位上，代表天秤座將會擁有個幸福而美好的流年，雖然土星也在這個宮位上釋放壓力，不過這是一種掌握住學習機會，就有機會讓生命進行美好蛻變的寫照。

　　不過值得提醒的是，這樣的美好意境需要儘早牢牢掌握，因為幸運之星在這一年的移動速度極快，因此有理想就該勇敢地實現它，有夢想就該保護它，讓美夢成真。關鍵時間的掌握宜在5月14日之前，6月20日之後，許多事情就會回歸現實面，就像「灰姑娘」一般，而灰姑娘的下一個幸運變身點，將會出現在10月18日至年底。對於努力做人的天秤座夫妻而言，宜掌握上半

年的孕育磁場做人成功。

♎ 事業運勢

一動不如一靜，因為一種每況愈下的磁場隱藏在工作宮位。雖然如此，天秤們還是以計劃性的方式變動，那就是按圖索驥逐步蛻變。對於事業而言，這是一種換個角度觀察的寫照，對於企業天秤而言，這也就是所謂的轉型。另外，提升專業的學習，需要獲得安排。

♎ 財利運勢

投資運勢十分活絡，股市投資求財宜以國際財金動向為依歸，具有轉型題材的傳產標的值得關注，另外債權型基金也是今年的財利標的，電子類股雖然具有偏財能量，不過卻和市場趨勢息息相關，選對了才能夠賺大錢。商務行銷財利運雖佳，不過需要靈活的策略順勢而為。

♎ 情緣運勢

情願運勢是天秤們在2021年最精彩的部份。因為木星的照拂，還有土星的合相，靜如處子，動如脫兔。天秤們可以主動出擊，也可以循序漸進。有愛人的，多愛一些；進入婚姻的，別讓生活一成不變；單身適婚的，主動出擊良人可期；而選擇愛自己的，則宜用學習讓生命更精彩。

♎ 健康運勢

子女運勢頗佳，是個孕育優質下一代的好流年。歡樂指數與健康息息相關，每天開心，日日健康。氧氣是今年健康運的重要元素，除了多做有氧運動外，慢跑與快走都是強化心臟健康的好方法。對於很忙的天秤座，每天步行一萬步以上，也同樣可以獲得健康，而腰背的不舒適亦可獲得改善。

 # 天秤座流月運勢

運勢較為理想的月份：1、2、4、5、7、9與11月

一月 **運勢★：**新年新氣象、新希望。由於人脈磁場十分活絡，貴人能量也十分明顯，本月最適宜執行廣結善緣策略積累貴人籌碼，就從祝賀新年開始。健康運勢並不理想，宜降低應酬機率。

二月 **運勢★★：**五星匯聚在愛情宮位，本月的星空是精彩而幸運的，就從歡樂的心情開始。水逆也出現在愛情宮位，代表事務的執行順勢就好，創新與驚喜暫時不要上場，而健康養生方面還是需要繼續維持。

三月 **運勢：**愛情運勢繼續精彩，家庭好運氣也跟上了腳步，有意購買屋宅的天秤值得進場賞屋。職場上的團隊運作也容易在本月獲得凝聚。偏財運中的機會財利頗為鮮明，震盪愈大愈值得進場。

四月 **運勢★★：**修成正果的時候到了！愛情如此，投資買賣也是如此，該收成的時候就別猶豫。有意購買房產的天秤，還是值得繼續賞屋，即便是投資也容易找到財富屋。成家立業的時機，別錯過了！

五月 **運勢★★：**偏財運勢十分活絡，商務買賣與業務行銷天秤，這是個辛苦大大有成的月份。投資求財適合短線運作，甚至於見好便收。工作運勢亦佳，該展現專業的時候，勇敢承接任務，想不紅都難。

六月 **運勢：**一動不如一靜，驛馬星遇到水逆的本月，除了不宜輕舉妄動

之外，交通安全也需要多用心思。職場事務不宜過於執著，硬話軟說，急事緩辦，事緩則圓。值得提醒的是，與家人的溝通也是如此。

七月 **運勢★：**事業運勢頗佳，除了按部就班外，也值得運作借力使力的策略，就從擁有「成功不必在我」的思維開始。人脈磁場需要多一些努力呵護，必要的時候學會放下，尊重而不在意。

八月 **運勢：**本月星空並不晴朗，攸關日後運勢旺衰的重要抉擇，稍安勿躁為宜。人多的地方不要去，人多嘴雜，意志力也容易受到負面影響。事業運作，靠人不如靠自己。

九月 **運勢★★★：**理想的愛情運勢帶動了其餘運勢的成長，本月諸事皆宜。由於機會磁場頗盛，再加上驛馬星啟動了，職場上的機會有必要深入瞭解，並且擇優布局。重要事務，最好本月開始啟動，因為下月磁場必不理想。

十月 **運勢：**水星逆行就出現在天秤座，本月諸事不宜。由於職場和家庭磁場都不理想，因此最好公私分明，最重要的是自我地位的擬定，以及所扮演的角色，否則很容易陷入吃力不討好的窘況中。

十一月 **運勢★★：**貴人氣勢明顯的本月，諸事皆宜。守護星有了木星的照拂，人緣磁場格外理想，本月大力廣結善緣，尤其是新領域人脈的經營。偏財與投資運勢頗佳，就線論線，有利可圖。

十二月 **運勢：**歲末年終，守護星又將於10日進入逆行，攸關整體家庭運勢的重要事務，還是稍安勿躁為宜。以靜制動是本月理想趨吉避凶，投資宜謹慎，愛情宜多用心思。幸運的是，人脈能量佳，貴人依舊明顯。

天蠍座（10月23日～11月22日）

幸運顏色：琥珀棕、象牙白、海水藍　幸運物 ：香珀、月光石、黃金百合
幸運數字：2、1、6、7及其組合　　　吉利方位：正北方、西北方、西南方

居家擺飾重新布局，開拓事業好運勢

家在哪裡，好運勢就在哪裡！蝴蝶的美麗來自於蛹的羽化，天蠍們在2021年將會擁有個超強能量的「蛹」，就是天蠍們的「家」，而往後12年的美麗人生就從「家」開始。

♏ 流年運勢

　　媽在哪裡，家就在哪裡！很感性的一句話，對於2021年天蠍座而言，則是「家在哪裡，好運勢就在哪裡！」今年天蠍們的幸運據點是——家，而最值得經營的也是「家」。

　　在傳統認知中，「家」是遮風避雨的處所，同時也是休憩靠岸的港灣。對於天蠍座來說，2021年的「家」不只是如此，而是整體好運勢的資源金礦區，因此把居家擺飾重新整理布局，好運勢將會被推到最高點。

　　心，對於一個人來說，是個很重要的「家」，更是「願」的發源地，心有多強，願就有多大，生命的蛻變就有多美麗、多精彩。不論天蠍們有多忙，2021年是個靜下心，放緩步伐，讓腦袋充電換個心境，就像再強的賽車手都必須中途更換輪胎一般，為的是整場賽局的勝利。換言之，木星照拂這一年，最為理想的旺運策略就是調整步伐，重新出發，千萬別辜負了木星所提供的勝算能量。木星代表的是幸運，同時也象徵成長，而學習是讓成長可以更快速的方法，藉著學習架構接下來的人生目標，而有意轉換跑道的天蠍們也可藉此機會找到確切目標與行動力。值得提醒的是，此種更換零件再出

發的機會，必須在5月14日之前掌握並完成布局。

♏ 事業運勢

事業是生命中的另一個家，而在命運星盤中，事業就在家庭的對宮位置，因此只要調整好心境，事業宮的境遇也將會獲得調整。流年關鍵星盤中，事業星位於辛苦有成的位置上，而強勢的冥王星給予正向的助益，這就是事業也容易出現強勢蛻變的象徵。而最為理想策略，就是向上鍊結。

♏ 財利運勢

如果購置屋產正巧是天蠍們的計畫，那麼2021年是最為理想的購屋置產年，不但吉屋可望覓得，同時價碼也容易如願以償。投資運勢也十分順遂，鎖定和國際政策有關的標的，容易找到冷門的財富。短線奔波並不容易獲利，淪為追高殺低族就不妙。高科技概念、消費型金融是財利標的。

♏ 情緣運勢

愛情運勢並沒有太多的火花能量，這是個務實的流年，要不積極進入家庭，要不專注在事業的經營。太歲星將於5月14日之後進入愛情宮位，一個月之後開始逆行，接下來的故事就容易羅密歐與茱麗葉化發展。因此對的人，對的對象，該掌握就不要猶豫，別讓幸福擦身而過。

♏ 健康運勢

雖然流年氣息是理想的，而生活節奏也是快速的，不過靜下心，放緩步伐，更換心境的星盤情境依舊宜掌握，因為對於健康是有利的。情緒管理十分重要，腸胃疾病與之息息相關，適度地運動可以幫助腦壓的釋放。休息是為了走更遠的路，千萬別讓遊戲因為過度消耗而提前結束。

天蠍座流月運勢

運勢較為理想的月份：1、3、5、9、11與12月

一月 **運勢★：** 人際關係磁場活絡的本月，廣結善緣是理想旺運策略。工作運勢也受到了鼓勵，這是辛苦有成的象徵。家庭重要事務，稍安勿躁為宜。投資運不理想，謹慎理財，不追高。

二月 **運勢：** 水逆出現在家庭宮位，重要事務事緩則圓。家人之間的溝通，需要更多的耐心。幸運的是，由於貴人磁場旺盛，可望因參加聚會而積累人脈籌碼。沒事多休息，以免健康受到影響。

三月 **運勢★：** 貴人磁場持續旺盛，合作機會出現了別忙著拒絕。合作案件的洽商謹慎，以免遇人不淑。愛情宮位磁場十分熱鬧，時機不成熟別忙著收線，以免弄巧成拙。

四月 **運勢：** 工作磁場十分理想，代表的是辛苦有成，只要願意付出就容易獲得預期中的肯定。不過偏財運勢並不理想，謹慎理財，投資求財宜提高風險意識，追高躁進是忌諱。

五月 **運勢★★：** 四星匯聚在婚姻宮，代表另一半的貴助能量獲得了提升，同時也代表職場上夥伴的助益是正向的，因此借力使力是理想策略。成家立業的能量明顯，因此愛情與婚姻的意境是幸福的。

六月 **運勢：** 本月不宜出遠門，即便是勢在必行的公務之旅，也需要妥善安排。水逆出現在偏財宮位，本月投資求財宜謹慎，商務買賣款

項的收受宜小心。幸運的是，愛情運勢開始啟動，十分值得期待。

七月 **運勢：**世上最難搞的就是人的問題，本月的事業運勢也是如此。家庭的重要事務，稍安勿躁為宜。幸運的是，愛情運勢依舊理想，安排旅遊幸福指數容易獲得提升，整體運勢也容易獲得轉化。

八月 **運勢：**放下是為了下一次的拿起，本月的事業運勢就是如此，退一步海闊天空。投資求財宜謹慎，避免大意失荊州。家庭重要事務，稍安勿躁為宜。合作案件的洽商，也是如此。

九月 **運勢★★：**成也心情，敗也心情。先處理心情，再處理事情。家庭運勢佳，移徙、入宅與修造皆可擇吉執行。偏財運也十分理想，留意市場心理面的變化。貴人雖然不明顯，但運勢依舊順遂。

十月 **運勢：**水逆出現在天蠍們的心智宮位，透露出不宜先入為主的訊息，也就是宜放下天蠍們的直覺星座特質。不過幸運的磁場也出現在同一個位置上，慢半拍成為了理想的趨吉避凶。

十一月 **運勢：**天蠍之月，展開序幕。一年一度當家作主，卻出現了天王星的衝剋，這是一種人際關係的考驗，卻也是自我調適的最好時機。家庭運勢頗佳，重要事務宜順勢執行，包括買屋在內。

十二月 **運勢★★：**歲末年終自我檢視十分重要，因為未來才會更好。金錢運頗佳，應收帳款容易如願以償入袋。家庭運亦佳，購屋置產值得進行。人脈磁場上升中，向上鍊結的好時機，千萬別浪費。

人馬座（11月22日～12月21日）

幸運顏色：黃色、白色與海水藍　　　幸運物：藍晶石、白水晶、虎眼石
幸運數字：7、1、6、8及其組合　　　吉利方位：東北方、正北方與正西方

廣結善緣人氣滿分，好運氣主動跟著你來

如果說成功可以很快速，人馬們想不想要？一旦答案是肯定的，那麼人馬們就請耐心、細心地閱讀這篇流年文章。2021將會是個「脫穎而出年」，因為人馬們的人氣滿分……

↗ 流年運勢

　　專業只能讓你求生存，人脈才能讓你脫穎而出。很有感的一句話，道出人馬們在2021年的流年開運重點。人脈桃花星旺盛的2021年，也是人氣滿分的流年，廣結善緣積累貴人籌碼，人們將會繼續擁有幸運的2022、2023、2024……。

　　「人脈，是一個人通往財富、成功的入門票」黑幼龍先生強調地說；「花花轎兒，人抬人」則是《胡雪巖》的制勝之道。2021年太歲星送給人馬們的新年禮物就是貴人，積極承接與營運，人馬們有機會積累人脈籌碼，從這個貴人就在人馬們的身邊看來，好運氣就從生活上的謙虛與尊重開始。

　　人馬們的守護星就是木星，而木星就是太歲星，這是為什麼人馬們的幸運指數與樂觀指數本來就比其他星座高的原因。然而即便如此，人馬們還是會遇到每四年一次的調整運，比較詭異的是，此種調整運在2021年提前到來，只因為守護星行進速度極快，5月14日之前完成人脈策略計畫，則6月20日至10月18日之間，才有足夠的能量調整步伐，讓自己進入「快速成功」的流年軌道中。

溫馨提醒，這一年請記得和老朋友聯繫，因為他們會提供人馬們最穩固的貴人能量。

♐ 事業運勢

有道是「走老路子，到不了新地標」，工作運勢雖然也同步吉利，不過如果沒有新的轉變，恐怕將會把好運氣磁場給浪費了。學習是讓自己處於擁有選擇的智慧，同時也是創造屬於自己的價值的絕佳策略，那就是所謂的競爭力。1/30～2/21、5/29～6/22、9/27～10/18水逆期間宜避開重大抉擇的定奪。

♐ 財利運勢

金錢運勢頗佳，重點在於專注，鎖定一個具有未來性的強勢權值股，守著陽光，守著股票，就有機會守得財利滿倉。一般人馬則是掌握專業，努力考取證照，營造正財來源。對於有意購屋置產的人馬而言，這是個大利進場賞屋的好流年，只因家庭運佳，田產運更是理想。

♐ 情緣運勢

紅鸞星動了！真的。另一種型態好姻緣磁場能量出現在人馬們的流年關鍵星盤中，是穩健的、正向的，更是陽光普照的，重點在於專情。已經結婚的，回味一下戀愛的感覺；單身適婚的，老方法是好方法，那就是請朋友當媒人；已有對象的，加把勁讓生命更美滿。再不然就多愛自己，為生活添更多的精彩。

♐ 健康運勢

呼吸道的保養十分重要，天候與溫差變化是關鍵，沒事多戴口罩，既保護呼吸系統，同時也避免流感上身。平時多準備一件薄外套，外出和辦公室冷氣房都可披上。過於刺激的食物少碰為妙，只為了避免喉嚨發炎。情緒管理需要多一份心思，只為了減少免疫系統的刺激。

人馬座流月運勢

運勢較為理想的月份：1、3、4、5、9與11月

一月 **運勢★：**財利運勢頗佳的元月，代表這一年的財富將會是活絡的。家庭運勢磁場和金錢運同步理想，大利購屋置產，也大利調整屋宅擺飾風水。愛情需要互信，價值觀也需要同步。

二月 **運勢：**五星匯聚與水逆天象都出現在人際關係宮位上，貴人與小人一線之間就是此種徵兆。學會聆聽，人馬們將會掌握發球權，專注事業，百毒不侵。

三月 **運勢★：**上月的人緣策略，本月的貴人星果然明顯，不但順了事業心，同時也提升專業價值。家庭重要事務，稍安勿躁為宜，以免每況愈下。工作運勢佳，是機會就該積極掌握。

四月 **運勢★★：**金日會相在人馬們的愛情宮位，並且得到來自於各方的祝福，這是個幸福的月份。讓生活的節奏感覺到有愛情的Fu，這又將會是個美麗的人間四月天。

五月 **運勢★：**財利運勢頗為理想，投資求財容易因為區間策略而獲利。家庭運勢亦佳，由於與財運有關，因此大利購屋置產或關注資產概念股。水星月底逆行，工作上的重要抉擇本月宜先行定奪。

六月 **運勢：**偏財運勢並不理想，投資求財宜謹慎，而面對親友的借

貸，宜量力而為。幸運的是，由於貴人磁場頗優，廣結善緣不宜捨近求遠。健康磁場不佳，外出請記得戴上口罩。

七月 **運勢：** 不宜出遠門，非不得已也需要妥善安排，另外也需要留意交通安全，疲勞千萬不要駕駛。偏財運勢頗佳，商務買賣與業務行銷值得努力。股市投資求財，以短線策略為宜。

八月 **運勢：** 本月諸事不宜，因為受到兩組不協調相位的影響，即便事先安排的事務，也需要小心翼翼地執行。一動不如一靜則是工作事業的建議，這是個動輒得咎的月份。

九月 **運勢★：** 妥善管理情緒，並且學會不隨人起舞，人馬就是本月大贏家。財運好、人緣佳、守護星磁場格外理想，這是個好運滿分的月份。如果搭配借力使力策略，好運將會更加強勁。

十月 **運勢：** 水逆於上月底展開，對於人馬而言，需要留意的是人際關係的經營，謹言慎行是理想策略。幸運的是，貴人磁場依舊明顯，由於屬於長輩貴人的能量，因此禮貌是好運勢的關鍵元素。

十一月 **運勢★：** 雖然事業上的壓力頗為沈重，不過由於價值宮位的凸顯，人馬們需要的是本事，一種無可取代的本事，就從學習與自我肯定開始。財利運勢雖佳，投資求財卻需要回歸現實面。

十二月 **運勢：** 本月10日金星開始逆行，對於人馬而言，這是一種謹慎理財的訊息。人際關係磁場頗優，歲末年終向老朋友祝賀新年是喚起情感的理想策略。健康磁場並不理想，宜留意天候變化。

山羊座（12月21日～01月20日）

幸運顏色：金黃色、咖啡色與土耳其藍　　幸運物　：綠松石、瑪瑙與繡球花
幸運數字：1、8、6、7及其組合　　　　　吉利方位：正北方、東北方、西北方

家庭事業幸福美滿，享受美好生活

能夠改變命運的機會，唯有事業。如果這樣的說法成立，那麼山羊們的2021年將會是個擁有很多、很強機會的流年。因為冥王星提供超強事業能量，而且是霸氣的能量……

♑ 流年運勢

　　過好每一天，開心過每一天，就是生命中最大的成就。有人說事業很重要，事業是一個人的名片。也有人說過好每一天最重要，因為生活本身就是最偉大的事業，而過好每一天就是顧好自己的人生事業！

　　對於山羊們而言，2021年將會是個很有成就感的流年，因為在流年關鍵星盤中冥王星，不但提供好運勢的養分，同時也合相山羊們的事業宮。

　　不過有趣的是，星盤中的行星們都落在山羊們流年關鍵星盤的生活宮位，與外界鍊結的宮位則是空白的，這是個很有趣的現象。代表山羊們這一年很在乎事業，卻更在乎生活恬適、樂趣，況且冥王星也合相朋友宮位的金星，這是一種魚與熊掌的意境，也是一種微妙的槓桿現象。

　　「當你私人生活全毀的時候，事業一定站上了高峰。」《穿著 PRADA 的惡魔》的光頭總監這麼說。山羊們的2021年就未必盡然如此，既可享受私人生活，又可讓事業站上高峰，仔細想想，這是個什麼樣的流年。事實上，這一年山羊們的家庭運勢也十分理想，這些都要歸功於冥王星正能量，不過換個角度來說，卻也是山羊們自己掙來的，因為冥王星在山羊座綻放霸氣正

能量。

♑ 事業運勢

「我不怕練一萬種招式的人，只怕一種招式練一萬遍的人。」李小龍曾這麼說。成功的奧祕，在於專注一件事，並且做到極致，就像巴菲特只專注在賺錢這件事上一樣。在事業上山羊們的2021是幸運的，是成功的，只因為冥王星給了成功的養分，不過冥王星同時也提出了「專注」的需求。

♑ 財利運勢

木星的照拂，山羊們的財利運勢是活絡的，而山羊們的賺錢手腳也要靈活，只因為木星的行進速度十分快速。速戰速決是投資理財需要的智慧，再好的計畫，再好的標的，5月14日之前需要執行階段獲利策略，見好便收。另外要提醒的是，為人可以慷慨，對於錢財千萬慷慨不得。

♑ 情緣運勢

職場得意，錢場暢意，情場恐怕就要留意了。並不是運勢特別不好，而是穩固的力量稍嫌不足。對於已婚山羊而言，幸福美滿是因為專注在家庭的經營。已有伴侶的山羊，讓彼此擁有各自的活動空間，否則容易陷入呼吸困難的窘況中。單身適婚山羊，多領悟「書中自有顏如玉」的意境。而這裡的「書」，就是學習與廣結善緣。

♑ 健康運勢

營養均衡是2021年的重要功課，呼吸道的保養也同步重要。就中醫的角度來說，上焦是山羊們2021年特別需要調養的部份。久坐的山羊們，除了要給自己一張舒適合乎人體工學的椅子外，多做一些輕微的運動，鍛鍊背脊肌肉才不至於讓脊椎受到傷害。冥王星主事的霸氣年，還是需要給身體休息的時間。

山羊座流月運勢

運勢較為理想的月份：1、3、4、5與9月

一月 **運勢★★：** 新年新希望，而一年一次的當家作主，讓山羊們擁有滿滿的能量迎接新年。本月家庭運勢頗優，就從改變居家擺飾開始。木土會相在金錢宮，本月宜謹慎理財，健康養生事務也需要多用心。

二月 **運勢：** 水逆出現在山羊們的金錢宮，上月謹慎理財的提醒，化解本月的劫財氣息。人際關係磁場並不理想，謹言慎行之外，宜降低應酬機率，也是為了維護健康。

三月 **運勢★：** 坐而言不如起而行。有點子，就該給予轉換成銀子的機會。事業運有機會提升，而機會的掌握與心境的轉變十分重要。人云亦云是影響運氣的忌諱，股市投資求財尤其忌諱。

四月 **運勢★：** 吉星拱照的本月，除了愛情事務謹慎面對外，其餘諸事皆宜。貴人磁場格外明顯，本月大利廣結善緣積累貴人籌碼。金錢運與家庭運都理想，大利購屋置產。而改變屋宅布局，也容易提升財運。

五月 **運勢★：** 愛情運出現了轉機，如同面對生活一般，喜悅隨緣中還需要一些刻意。財利運勢並不理想，謹慎理財外，投資求財不宜躁進。貴人磁場依舊活絡，廣結善緣任務不宜停歇。

六月 **運勢：**謹言慎行之外，同時也需要留意飲食，因為健康磁場受到了水逆的影響。工作事務也是如此，最大的忌諱在於人云亦云。家庭運與財利運頗優，修造、入宅與改變擺飾都有助提升幸運指數。

七月 **運勢：**以靜制動是本月的必須。生活以平實為佳，為的是避免招惹歡喜劫財。不過合作運勢卻十分理想，貴人就在身邊，事業夥伴和生活伴侶宜珍惜。投資求財，宜妥善規避風險。

八月 **運勢：**平實的生活方式，本月依舊適用，也同樣為了規避歡喜劫財。高金額的支出，多給自己一些時間仔細想想。愛情運勢的經營，需要更多的同理心，信任和關懷十分重要。投資求財，依舊要謹慎。

九月 **運勢★★：**這是個吉利的月份，諸事皆宜。事業上，辛苦有成，值得努力。成長的能量頗強，就從安排專業的學習開始。唯一要提醒的是健康的部份，壓力是無形殺手需要紓解。

十月 **運勢：**職場事務不宜輕舉妄動，重要抉擇稍安勿躁為宜，最起碼過了水逆再說。不過幸運的是，辛苦有成的磁場依舊明顯，默默耕耘是理想旺運策略。人際關係磁場亦佳，大利廣結善緣。

十一月 **運勢：**平安就是福，平順才能聚福氣。重大的抉擇與變動，不應該出現在本月。事業的轉變，三思後再說。交通安全宜多用心，疲勞萬萬不可駕駛。投資求財，順勢為宜，貪多嚼不爛。

十二月 **運勢：**歲末年終重要事務最好在12月10日之前做好定奪，之後按圖索驥，依照計畫行事為宜。值得提醒的是，對於事務的判斷宜多方諮詢，堅持與執著容易錯失良機。

寶瓶座（01月20日～02月18日）

幸運顏色：藍色、白色與橄欖綠　　幸運物：翡翠、藍晶石與紫羅蘭
幸運數字：6、8、3、1及其組合　　吉利方位：正東方、東北方及西北方

12年一次當家作主，全力以赴夢想成真

恭喜寶瓶，賀喜寶瓶！因為寶瓶座要行大運了。12年一次的當家作主，寶瓶們想如何經營自己？想如何營造未來12年的美麗人生？請繼續閱讀……

〰 流年運勢

紅鸞星動了！代表好事近了，同時也代表幸福啟動。「如果你有夢想，就要守護它。」「有了目標就要全力以赴。」這些是《當幸福來敲門》令人感動的台詞，對於2021年的流年而言，寶瓶座需要的就是這樣的力量。

天下第一大吉星「木星」進駐寶瓶座，這是2021年的大事，因為這一年被稱為「寶瓶年」。代表12年一次的當家作主出現了，寶瓶座成為了2021年的「爐主」。換言之，寶瓶座是2021年最幸運的星座，只因為有了被稱為「太歲星」的「木星」照拂，而這也是東方命理所說的「太歲可座，不可向」，而「座太歲」的寶瓶座就該借助「太歲星」的能量全力以赴讓夢想成真。

不過需要提醒的是，由於原本會在每一個星座待上一年的木星，於2021年的腳程特別地快，2020年12月19日甫入寶瓶，於5月14日就離開寶瓶。代表著兩種意義，一種是當幸福來敲門，就該趕緊開門，並且積極掌握；另一種是充分利用「木星」強大的吉利與成長能量，主動追求和創造奇蹟，並且見好便收。只因為，6月20日木星將會進入逆行狀態，直到10月18日才恢復

順行，而這個時段寶瓶座最需要的是謹慎理財。

♒ 事業運勢

運氣雖然100分，卻未必適宜更換跑道，只因為土星釋放穩固的正向能量，代表的是穩建中逐步發展，不過在火星的正能量加持下，「轉型」成為穩建中尋找到新生機的重要策略。

企業寶瓶要的是掌握市場趨勢，以便進入多元發展的軌道上。一般寶瓶，則有必要學習新的專業，提升職場競爭力。

♒ 財利運勢

財利運勢的運作，需要劃分為上半年與下半年，6月20日是分野點。上半年商機無限，好運也沒有上限，只需要妥善規劃再依照計畫執行與調整，財富、事業都有機會如願以償。下半年後，財利能量出現阻礙，不適宜有太大的投資與變化。投資求財宜以國際財金趨勢為依歸，有意購買屋宅的寶瓶，可望覓得吉利好宅，不過這些都是上半年的事。

♒ 情緣運勢

情緣運勢雖然也會很精彩，不過傳統的模式還是比較容易找到穩固的幸福。愛情的可貴，不在於把兩個人變成一個樣子，而是即便是南轅北轍的兩個人，都願意相互陪伴。這是土星最大的功勞，不過還是需要提醒的是，千萬不要讓「理所當然」的思維有機會進駐。再次提醒，真正的愛是關懷的積累，不會是金錢的堆砌。

♒ 健康運勢

均衡飲食是2021年的必須，活動力大的元素，營養的補給十分重要。另外，為了增加喉嚨的保養，刺激性食物少用，同時也需要多滋潤喉嚨。平日宜酌量運動，維持筋骨的靈活，年長寶瓶有必要提防摔跤的問題。寶瓶可以好奇，但行動之際必須專心，邊走邊看手機的習慣需要修正。

寶瓶座流月運勢

運勢較為理想的月份：2、3、4、5、9、10與12

一月 **運勢：** 新年新氣象，不過對於寶瓶座卻是不宜有太大的動作，出遠門旅遊也需要妥善的事先規劃。這個月謹言慎行，除了恭賀新年其餘多聽少說。家庭運勢頗佳，調整居家擺飾可調整整體運勢。

二月 **運勢★★：** 五星匯聚在寶瓶座，這是個氣勢超強的月份。偏財與正財運勢同步旺盛，商務買賣與行銷業務值得努力，營造個大紅包過個好年。不過水逆的影響，轉換跑道事宜農曆年後再說。

三月 **運勢★：** 三星依舊匯聚在寶瓶座，而土象大三角則提供了心想事成的能量，這是個吉利的月份。雖然財利也同步理想，不過本月的投資求財宜謹慎，莫貪為宜，朋友借貸宜量力而為。

四月 **運勢★：** 貴人磁場十分活躍，本月大力廣結善緣。金錢運磁場也十分理想，投資求財宜以獲利納財為先。生活中有時候需要一份適當地執著，職場專業的展現容易獲得肯定。家庭重要抉擇，稍安勿躁。

五月 **運勢★：** 四星匯聚在家庭宮位，上個月的稍安勿躁，本月就可大展伸手，尤其是購屋置產之舉。工作運勢亦佳，只不過需要先擁有好心情。本月唯一要避免的是，先入為主和預設立場。

六月 **運勢：** 水逆又出現了，出現在寶瓶們的愛情宮位，隨緣與放下是

愛情運的理想趨吉避凶。健康運勢也需要都費心思，別太勞累了，再好的機會也要有健康的身體享用。

七月 **運勢：** 本月諸事不宜，尤其是團隊、家庭與合作事務。不過幸運的是，由於金錢、投資與工作運勢都十分理想，這個月的生活重心宜有所轉移。這個月最大貴人是自己，而最大的阻礙也會是自己。

八月 **運勢：** 木星逆行回到了寶瓶，這是個宜謹慎面對合作事務的訊息，投資買賣宜謹慎，行商業務薄利多銷現金為王。家不是講道理的地方，重要事務稍安勿躁。轉念即菩提，心念轉，運勢就跟著轉。

九月 **運勢★：** 念轉境轉的現象本月雖然依舊，不過整體運勢十分理想，風象大三角提供了順勢而為的好能量。本月投資求財依舊需要謹慎，務實為上，股市投資求財，就線論線為佳。

十月 **運勢★★：** 辛苦有成。不一定喔！這是個需要靠智慧，不宜靠蠻力的月份。借力使力方法對了，這是個大吉利之月，只因為水象大三角與一只翱翔的風箏在提升寶瓶們的好運氣。

十一月 **運勢：** 職場事務宜謹慎，沒有所謂的理所當然，職場重要事務寧向曲中求，不可直中取。財利運勢需要謹慎運作，購屋置產稍安勿躁，商務買賣也需要妥善規劃。

十二月 **運勢★：** 歲末年終，檢視的動作是必要的，而居家和辦公室的空間，也有整理與調整的必要。財利運勢頗佳，任何點子都需要詳細記載，因為職場機會與商務銀子盡在其中。

雙魚座（02 月 18 日～ 03 月 20 日）

幸運顏色：藍色，秋香綠、藏青色　　幸運物：堇青石、葡萄石、天竺葵
幸運數字：8、4、9、2 及其組合　　吉利方位：正東方、東南方、正北方

心想事成幸運年，有成家立業的穩健機會

紅鸞星即將發動，好運即將來臨。雙魚們可以等待，也可以做好準備提前引動好運勢能量，讓一年的努力可以營造兩年的好幸福。不過手腳真的要快一點……

♓ 流年運勢

　　面對新的一年，雙魚們有「願望清單」嗎？放心！這個「願望清單」不像多年前那齣電視劇那樣，而比較像BBC News 有一年在年底的一篇文章，所列出的「願望清單」。不論是新年新希望，還是新年「舊」願望，都值得列一張「願望清單」，因為「太歲木星」想要幫雙魚們完成清單上的願望。

　　換個角度來說，2021年對於雙魚們而言，將會是個心想事成的幸運年。不過雙魚們的行動要快速，因為5月14日至6月20日之間將會是清單實現期，然後就是「過了這個村，就沒下個店」。因此在雙魚們看到這篇文章的時候，就該立刻列清單，並清楚列出落實的時程。

　　另一個值得告訴雙魚們的幸運訊息，就是土星所釋放的吉利能量，讓雙魚們擁有「成家立業」的穩健機會。在西方星座中土星被稱為第一大凶星，不過在東方古星座卻被認為是「勵志行星」，相位理想的時候，好運氣將會以穩健踏實的方式逐步實現。由於流年關鍵星盤中，雙魚們的家庭運勢受到了土星的正向呵護，有意購買幸福屋宅的雙魚容易美夢成真，想要穩定下來的雙魚則有機會事先布局，迎接年底的紅鸞星動好姻緣。

♓ 事業運勢

受到疫情影響，市場出現了巨大的變化，而雙魚們的守護星，也是事業星，也以極高的速度移動，因此雙魚們除了快速學習轉型適應市場外，最需要執行的應該是積極掌握契機引領市場脈動。值得一提的是，雙魚們有必要放遠目標，因為這一年的努力，年底至2022年將是成果收成年。

♓ 財利運勢

先賺到專業財，才能夠賺到機會財，這是一位投資專家的心得。由於偏財星有了專業星的合相加持，雙魚們的偏財運不是等待機會，而是運用專業創造機會。股市投資求財方面，就需要事先推估市場趨勢，做好準備，財利翻倍。有意思的是，這個專業星同時也照拂雙魚們的正財宮，代表正偏財都將因為專業而提升。

♓ 情緣運勢

成家立業，對於現代人而言，具有多種意義。一種就是進入婚姻組織家庭，另一種則是購買屋宅編制愛的巢穴，家庭更幸福或讓自己有個靠岸的港灣。就流連關鍵星盤角度來說，雙魚們容易擁有的務實的一年，愛情將會次於家庭，所以要談愛情也會以穩健為前提，而這也是這一年的流年特質。

♓ 健康運勢

將居家和辦公室重新布局，讓陽光與空氣充滿，就等於健康滿分。腸胃保健是今年的健康要務，刺激性食物不宜過量，專心用餐以免消化不良。建議多安排戶外活動，接觸大自然容易提升雙魚們守護星的正能量，情緒與壓力能夠得到舒緩，健康與運氣都有機會獲得正向提升。

雙魚座流月運勢

運勢較為理想的月份：3、4、5、9與12月

一月 **運勢：**新年新氣象，不過對於雙魚而言，卻不適合換新的事業環境，而是換個方式經營，既提升價值，也提升營收與獲利。謹慎理財也是本月的提醒，投資求財宜順勢而為。

二月 **運勢：**心情決定運勢行情。而最直接的現象，就是用「心」去想像與猜測事情，就算猜對了也無濟於事，只因為水逆的緣故。不過幸運的是，四星匯聚也提升貴人能量，因此好運從學習與聆聽開始。

三月 **運勢★：**雙魚之月，展開序幕。一年一度當家作主，代表整體運勢掌握在自己的手中。而本月的開運策略要從廣結善緣開始，貴人在群體中，正所謂「向上鍊結」，群體對了，好運開始了。

四月 **運勢★★：**財利運勢十分理想，由於家庭運勢也同步理想，因此這將會是個理想的成家立業月份。有意購買屋宅的雙魚值得行動，而想進入婚姻的雙魚則宜積極行動。學習與旅遊都是本月開運佳策良方。

五月 **運勢★★：**本月諸事皆宜，不過必須先妥善管理情緒與心情。愛情運勢與投資運勢同步理想，勇敢是好策略，勇敢行動有機會讓愛情與財利萌芽。這是個慢活的月份，步調愈慢，好運愈快來臨。

六月 **運勢：** 水逆再度影響了雙魚們的家庭運勢，事緩則圓，家人的溝通也需要更多的耐心。愛情運勢需要營造彼此的空間，小別勝新婚。投資運勢是理想的，不過前提是逢高調節，莫冒險為宜。

七月 **運勢：** 健康磁場並不理想，這是個需要安排旅遊與歇息的月份。千萬不要相信「辛苦有成」，最起碼本月容易徒勞無功。不過幸運的是，人際關係頗佳，因此將生活重心專注在廣結善緣上為佳。

八月 **運勢：** 健康磁場依舊需要多費心思，休息是為了走更遠的路，過度疲勞容易傷害健康。合作是為了借力使力，不過本月合作案件宜多觀察，遇人不淑的結果是不好受的。

九月 **運勢★★：** 一封來自於上帝的信，出現在雙魚們的人脈、夥伴宮位上，代表這是個貴人滿滿的月份。同時也代表重要吉事與抉擇，宜在本月積極落實，因為下個月的運勢容易出現變數。

十月 **運勢：** 本月雖然未必諸事不宜，不過謹慎行事卻是絕對的必要。「務實」是本月的趨吉避凶錦囊字訣，按部就班，亦步亦趨，步步為營，將有機會將水逆帶來的阻礙化解。交通安全，仍舊需要多用心。

十一月 **運勢：** 一動不如一靜，交通安全的提醒，本月宜繼續用心。不要用別人的錯，懲罰自己，也不要因為別人的心情影響自己。本月最為理想的趨吉避凶就是廣結善緣，先成為別人的貴人，自然會貴人滿滿。

十二月 **運勢★：** 歲末年終，到了該檢視一年運勢業績的時候。檢視的目的是為了擬定明年的方向，因此不足的需要補強，理想的部份則要放大。財利運勢頗佳，貴人能量也頗為明顯，做好準備迎接財富活絡的2022年。

易經塔羅牌占卜牛年運勢

辛丑年是丑土主事的流年，地支的「丑土」生天「辛金」，就像母親在生助小孩一般。

因此筆者用《易經》塔羅牌中代表母親的皇后卡，來為讀者朋友們做年度運勢占卜。

請讀者朋友們憑著直覺選一張牌，在閱讀運勢拆解文，明白這一年的運勢與趨吉避凶。

1號皇后

手握權杖的皇后，有權有勢。

信心十足，這是個方向感十足的流年，一且都在掌握之中。

凡事只要按部就班，就有機會營造個面面俱到的好運勢。

事業運勢佳，健康磁場也十分理想。

想飛就能高飛，想要就可以得到。

唯一要提醒的是，需要安排時間舒緩緊繃的精神，否則長期下來因為勞累而疏於與家人的互動。

2號皇后

手握扇子，手戴紅寶石的皇后。

是一種富足的象徵，生命層次到達了一定的位置，可以享受生活。

同時也代表一切都在運籌帷幄中，這是張能力強，又不會陷入疲憊的圖卡。

事業運勢管理良好，財利運勢較為理想，健康情形也頗為理想。

唯一要提防的就是，避免人云亦云，以及任何話不假他人傳達。

3號皇后

看著窗外，手待藍寶石的皇后。

在想什麼呢？在欣賞風景嗎？還是在計畫什麼？

檢視過去，規劃未來，這是張具有未來性的圖卡。

事業有機會轉型，也有機會創業。

生活具有許多可能性。

唯一要提醒的是，想得再多，不如開始行動。

不是準備好再行動，而是行動的準確工作就會到位。

4號皇后

含飴弄孫的皇后。

富足、幸福、歡樂、恬適……，與世無爭。

這是張幸運的圖卡，代表的是心想事成。

事業上有機會轉型或轉投資。

成家立業如願以償。

財富容易獲得積蓄，幸福獲得傳承。

唯一要提醒的是，宜廣結善緣，積累貴人籌碼。

不要把所有的資源只擺在一個籃子裡。

2021辛丑年瓜子占卜・事業篇

　　經過疫情洗禮後的世界,是充滿變數的。有人在驟變之後的事業,不得轉型;也有新的事業因為疫情衍生而出。不論是前者,還是後者。相信都希望轉型成功,好會更好。不過要提醒的是,辛丑年不會是個好年冬,而疫情所造成的傷害絕對超過我們的想像。

　　陶文老師對於《易經觸機》占卜的研究已超過40載,為讀者們撰寫「瓜子占卜」的事業篇。為什麼用瓜子,除了隨手可得,也就是瓜子充滿的神祕感,想要嚐到美味就必須用心仔細咬開,力道恰到好處。

　　抓一把瓜子,不論多寡,請以8為單位,一一去除,檢視最後剩下瓜子的數量,合參占卜條文,自然就可獲得參考的方向與方法。

餘數1

這是個好數字,代表貴人明顯。

你要的是提升專業,就從安排專業學習開始。

宜主動出擊廣結善緣,並且向上鏈結,因為有句話這麼說「一個人能否成功,不在於你知道什麼,而是在於你認識誰。」

一切準備好了,就該展開行動,堅持到底你會成功。

餘數2

對於辛丑年而言,這是個幸運的數字,代表新希望。

靈活是適宜的方法,不論遇到什麼情節,隨時調整好心情。

點子有機會變成銀子,不論點子多小,都應該給予行動計畫。

先求有，再求好；事業有機會由小而大，掌握住機會再說。

好運氣從好的情緒開始，笑口常開，願意讚美，你會是贏家。

餘數3

知難行易，許多事情要執行了才知道後續該加強什麼。

這是個容易預設立場的數字，不過事情往往不是你想的那樣。

回歸現實面，勇敢面對難題，辛苦有成的註解，就是成功。

聚焦很重要，與其十鳥在林，不如一鳥在手。

有機會組織合作團隊，借力使力少費力。

餘數4

天下武功唯快不破，這是個充滿行動力的數字。

有想法，就該給予做法。不過相對的目標設定卻也十分重要。

這一卦的忌諱在於急就章，有道是「積極不著急」，不疾不徐才容易成為贏家。

勇敢是這個數字最可嘉的部份，不入虎穴焉得虎子，遇到機會先別忙著拒絕，多瞭解再說。

想要更換跑道，先檢視自己位於何種狀況。屬於不如意的狀況，千萬不要隨意異動；得意順遂的狀況，機會來了就該掌握。

餘數5

活到老，學到老。想要成功，就向成功的人學習。

觀察別人成功的方式，就等於讓自己步上成功的路上。

有人說，想擁有巨人的眼界很簡單，只要和巨人做朋友，因為可以站在巨人的肩膀。

容易找到新的模式和新的商機，重點在順勢而為。

職場上女性長官是貴人，家中則是女性長輩。

學會換個角度看事情，因為解決問題的方式至少有三種以上。

餘數6

低調不會是理想的處世方式，而是恰如其分的低調。

有想法不要悶在心中，因為不會發酵，只會發臭。

記得分享成果和榮耀，一起成功的感覺才是最好的。

對於事業有必要展現黏著度，該自己陪伴的不宜假手他人。

貴人在暗處，只要釋放出需求，就有機會獲得幫助。

餘數7

自立自強，就是因為你夠強，才會獲得強的朋友與隊友。

單打獨鬥，不如團隊合作，今年會找到可以互補的夥伴。

當有機會展翅的時候，就不要猶豫，只不過風向和風速必須先調查好。

登高必自卑，行遠必自邇，謙虛十分重要。

集中意志與能力，一個時間先做好一件事情，就逐步邁向成功。

餘數8

隨緣是好修為，卻未必是好策略。

停下腳步是為了調整步伐，而不是歇息。

家是提供最大力量的能量場，而「心」也是自己的家，先處理心情，再處理事情。

必要的時候，退後反而是前進的最好策略，但不包括退縮。

包容是一種涵養，也會是讓事業多元發展的必須。

人生顧問 402

2021牛年開財運賺大錢

作　　者－陶文
主　　編－林菁菁
企劃主任－葉蘭芳
封面設計－楊珮琪、林采薇
封面攝影－吻仔魚攝影工房李國輝
內頁設計－李宜芝

董 事 長 －趙政岷
出 版 者－時報文化出版企業股份有限公司
　　　　　108019　臺北市和平西路3段240號3樓
　　　　　發行專線／（02）2306-6842
　　　　　讀者服務專線／0800-231-705、（02）2304-7103
　　　　　讀者服務傳真／（02）2304-6858
　　　　　郵撥／1934-4724時報文化出版公司
　　　　　信箱／10899臺北華江橋郵局第99信箱
時報悅讀網－http://www.readingtimes.com.tw
法律顧問－理律法律事務所 陳長文律師、李念祖律師
印　　刷－勁達印刷有限公司
初版一刷－2020年11月6日
定　　價－新臺幣499元
（缺頁或破損的書，請寄回更換）

時報文化出版公司成立於一九七五年，
並於一九九九年股票上櫃公開發行，於二○○八年脫離中時集團非屬旺中，
以「尊重智慧與創意的文化事業」為信念。

2021牛年開財運賺大錢 / 陶文著. -- 初版. -- 臺北市：時報文化, 2020.11
　　面；　公分

ISBN 978-957-13-8386-6(平裝)

1.生肖 2.改運法

293.1　　　　　　　　　　　　　　　　　　109014291

ISBN 978-957-13-8386-6
Printed in Taiwan